섬이 된 할망

한진오

제주도의 굿과 신화를 바탕으로 희곡을 쓰거나 탈장르 예술창작을 벌이는 제주토박이다. 주술과 예술의 경계에서 전방위적 예술창작을 통해 말하고자 하는 것은 애오라지 '제주다움'이다. 지은 책으로 희곡집《사라진 것들의 미래》, 인문지리서《제주 동쪽》, 제주신화 에세이《모든 것의 처음, 신화》등이 있다.

굿처럼 아름답게….

2023년 2월 20일 초판 1쇄 발행

지은이 한진오 **펴낸이** 김영훈 **편집장** 김지희 **디자인** 나무늘보, 이은아, 강은미, 김지영
펴낸곳 한그루 **출판등록** 제651-2008-000003호 **주소** 제주특별자치도 제주시 복지로1길 21
전화 064-723-7580 **전송** 064-753-7580 **전자우편** onetreebook@daum.net **누리방** onetreebook.com

ISBN 979-11-6867-087-7 (03380)

값 15,000원

설문대루트,
신의 길을 찾아 나선
물음표의 순례

한진오 지음

섬이 된 할망

한그루

머리말

    나는 어디에서 태어났을까? 누구에게나 태어난 곳이 있다. 나는 이따금 고향이 없다는 사람들을 만난다. 태어나자마자 한곳에 발 붙이지 못하고 여기저기 떠돌며 살았기 때문이라는 이유가 붙는다. 그런 말을 듣게 될 때면 고향이 무엇인지 생각에 빠지곤 했다. 제주라는 섬에서 태어나 여태껏 살아온 나에게는 고향이라는 이미지가 단단히 각인되어 있어서 그들이 사뭇 낯설게 보였으니까.

    그들이 말하는 고향이란 단지 장소이거나 공간이 아니다. 삶의 내력과 영혼의 서사가 담겨 있는 곳을 고향이라고 이른 것 같다. 고향이 없다는 이들은 대부분 스스로 영혼이 메마른 삶이라고 말한다. 첨단도시의 군중 속에서 찰나의 휴식도 없이 앞만 보고 달리는 경쟁이 인생의 전부라고. 영혼이 기화되어 메말랐다는 그들과 달리 나는 고향이 있다. 그런데 나 또한 그들처럼 영혼이 사라진 채 부유하는 이유는 뭘까?

시곗바늘이 미래를 향해 척척 나아갈수록 내 고향 제주의 모습은 지나온 시간처럼 엷게 지워지고 있다. 어느 날은 어릴 적 뛰놀았던 언덕이 사라지고, 또 어느 날은 자맥질했던 바다가 빌딩 숲으로 변하며 내가 지금 어디에 있는지 잊게 만드는 고향 지우기가 시간마저 추월하는 것 같다. 고향에 발붙여 사는데 고향을 잃어버린 실향민이거나 나 또한 애초에 그런 곳이 없었다는 착란의 미망에서 벗어나기 힘겹다.

이 미망은 당연히 상실감에서 비롯되었다. 상실감이 원인임을 자각한 뒤 질문을 바꿨다. 내가 태어난 곳은 어떤 곳이며 누가 만들었을까? 그것을 알면 번민도 사라지고 잃어버린 영혼을 되찾을 수 있을 것 같았다. 그리하여 제주 사람이라면 누구나 알고 있는 이 섬의 창조주 설문대할망을 만나기로 작심했다. 설문대의 전설과 흔적이 남아 있는 곳을 샅샅이 뒤지다 보면 여신을 만날 수 있겠다. 그때가 되면 내가 이 섬에 태어난 이유는 물론 내 영혼의 정체에 대해서도 답해주시리라 믿었다. 그렇게 나는 의문부호로 가득 찬 꾸러미를 메고 여신을 찾아, 고향을 찾아, 잃어버린 내 영혼을 찾아 오랫동안 이 섬을 맴돌았다. 그 사이 물음표가 될 수밖에 없었던 제주토박이는 섬이 되었다는 할망 설문대를 찾는 탐사기를 여정 내내 써 내려갔다.

그리고 쉼표 하나를 찍고 잠깐 쉬는 사이, 그동안의 여정을 담은 탐사기를 이렇게 펼친다. 언젠가 할망을 만나 느낌표를 얻을 때까지 여정은 계속되겠지. 섬이 된 할망 당신을 만날 때까지….

2023년 새해 초입 어느 날

설문대루트 탐사기
섬이 된 할망

내 머릿속에 물음표가 새겨지기까지

사람은 누구나 몽상가로 변신할 때가 있다. 과학자가 아니더라도 우주의 기원부터 자기 주변의 자연과 물질에 대한 궁금증을 갖게 된다. 역사학자처럼 내가 사는 곳의 내력에 대한 궁금증도 생겨난다. 이런 궁금증들은 술래를 피해 숨었다가 살짝이라도 모습이 들키면 끝도 없이 쏟아져 나온다. 하지만 질문의 홍수를 반기는 사람은 많지 않다. 삶이 고단하고 각박해서 이따위 질문들은 절대로 열면 안 되는 판도라의 상자에 봉인해버린다. 누군들 무지개가 시작되는 곳이 어디인지, 달나라에 진짜 토끼가 있는지 궁금하지 않을까. 철부지 몽상가나 해맑은 어린아이가 아니고서는 애써 외면하며 잊어버린다.

나도 남들처럼 잊고 산다고 여겼다. 그런데 누구나 지니고 있는 근원을 향한 질문 상자의 자물쇠가 고장난 모양이다. 언제부턴가 새어 나온 물음표들이 내 몸을 뒤덮더니 아예 신체의 일부처럼 찰싹 달라붙어 조종하기 시작했다. 어린 날 머릿속을 가득 메웠던 물음표들은 부활의 기쁨을 한껏 누리려고 나를 제주섬 곳곳으로 이끌었다. 신화와 전설을 토하며 지축을 흔드는 진앙을 찾아 헤맸다. 수많은 신성을 만나는 사이 어릴 적 할머니의 치맛자락에서 한 올 한 올 풀려나오던 옛날이야기의 타래가 리플레이되기 시작했다.

할머니는 옛날이야기의 백과사전이었다. 제주도신화 속 농경신으로 좌정한 여신 자청비의 이야기를 들을 때면 하늘나라를 상상하며 나도 두레박을 타고 천상으로 올라가고만 싶었다. 남선비와 여산부인의 아들 일곱 형제를 죽여 사람의 생간을 먹으려다 되레 자신이 죽어 측간의 신이 된 노일저대의 이야기를 듣고 난 뒤로 마당 한구석에 똥을 누며 화장실 근처에 다가가지 못한 적도 있었다. 수많은 신들이 각축을 벌이고 온갖 영웅들은 물론 동물까지 등장했다. 화수분처럼 마르지 않는 할머니의 이야기 마당은 가난했던 어린 시절 최고의 행복이었다.

그렇게 많은 이야기 중에서도 가장 단단하게 나를 옭아맨 것은 단연 제주섬의 창조주 설문대의 이야기였다. 때를 가늠할 수 없는 먼 옛날 홀연히 망망한 바다 위에 나타난 거대한 할망. 그 할망이 바다 속의 흙을 치마폭에 쓸어 담아 제주섬을 만들었다는 사연은 좀체 입이 다물어지지 않는 놀라운 이야기였다. 도대체 얼마나 컸으면 치마폭으로 흙을 일곱 차례 퍼 나르는 것으로 제주섬을 만들고 아득히 높은 한라산을 쌓아 올렸을까?

"애야, 네 눈에 보이는 세상은 모두 너보다 크단다. 너의 작은 눈으로 산이 높다고 말하지 마라. 너의 작은 눈으로 바다가 넓다고 말하지 마라. 네 작은 눈으로는 세상 모든 것을 볼 수 없단다."

할머니의 마법 주문 같은 당부는 나의 상상력을 가라앉히지는 못했지만 어긋나지 않았다. 얼마나 클까? 얼굴은 어떻게 생겼을까? 구름결을 매만지는 엄청난 손과 바다 물결을 일으키는 거대한 발 말고는 설문대할망의 전신은커녕 얼굴조차도 상상 속에서 그려지지 않았으니까. 아무리 기를 써도 상상의 캔버스에 여신의 본색은 나타나지 않았고 물음표만 점점 늘어날 뿐이었다.

상상의 캔버스를 칠하던 코흘리개 소년에게도 솜털이 제법 거뭇거뭇한 꽃수염으로 두꺼워지는 시간이 주어졌다. 그사이 수북하게 쌓인 물음표는 풀지 못하는 숙제로 남겨져 무의식의 상자 속에 봉인되는 듯했다. 하지만 할머니가 쳐놓은 이야기의 그물이 내 삶의 모든 것을 뒤덮었는지 나는 이 섬의 신화와 전설을 탐구하는 것에 인생을 건 사람이 되었다. 무려 1만8천에 이른다는 제주섬의 수많은 신과 그들의 사연, 첨단의 시대에도 여전히 그들을 숭배하며 살아가는 섬사람들을 살피는 것만큼 강하게 나를 사로잡는 게 없었다. 결과적으로 할머니의 이야기 그물이 이미 나를 둘러싼 우주가 되고 만 셈이다.

대학 시절부터 제주섬의 신화와 전설에 빠져든 채 긴긴 시간이 흐르는 동안 나는 럭비공처럼 이리저리 튕겨 다녔다. 음악, 연극, 미술, 무용, 영상 등 여러 장르 예술가들과 머리를 맞대며 제주섬의 많은 신들을 무대와 전시장으로 소환했다. 내가 모셔 들인 신들모두 크고 작은 굿판에서 춤으로, 소리로, 쇠북 소리에 감응하며 살아 숨 쉬는 존재들이었다. 그런데 놀랍게도 제주섬을 창조했다는 태초의 여신 설문대는 굿판 어디에도 없었다. 그 탓에 내가 소환한 신들의 명단에 설문대는 없었다.

그렇게 흠모했는데 다른 신들에 밀려 뒷전으로 밀려났던 설문대가 물음표 상자를 열고 나온 데는 몇 번의 계기가 있었다. 첫 번째는 제주돌문화공원의 설문대할망페스티벌 연출을 맡으면서였다. 이때가 최초의 계기였다면 설문대의 본모습을 보고 싶어 했던 어린 날의 상상을 되살려내 본격적인 탐험에 나서게 만든 건 족감석이라는 여신의 왕관과 만난 순간이다. 몇 해 전이었는데 마음이 맞는 예술가 몇 사람과 제주도내에 산재한 설문대의 전설지를 순례하는 퍼포먼스를 벌이기로 작당하고는 이곳저곳을 헤집기 시작했다. 한라산부터 깊은 연못, 커다란 바위기둥, 바닷가, 오름, 언덕 등 제주섬 곳곳의 자연 속에 설문대의 사연이 깃든 곳이 수두룩했다.

그 가운데 나로 하여금 어린 날 봉인했던 물음표 상자를 스스로 열게 만든 것은 단연 족감석이었다. 족감석은 제주시내 번잡한 도심과 외곽을 잇는 도로변의 계곡에 어기차게 들어앉은 커다란 바윗덩어리인데 설문대할망이 머리에 썼던 족두리다. 이 바위가 나를 일깨운 건 모습이 신비로워서가 아니었다. 그냥 평범한 바위였는데 설문대의 내력을 품고 있었다니.

사실 내게 이 바위는 무척이나 익숙한 존재였다. 내가 살던 동네와 가까운 곳이어서 뻔질나게 찾았던 냇가에 있었으니 말이다. 조무래기 시절 한여름이면 동네 아이들과 이 바위 옆 연못만 한 웅덩이에서 멱을 감기 일쑤였다. 그러다 한기가 느껴지면 땡볕에 달궈진 바위들을 점령해 온기를 훔치곤 했었다. 제아무리 족감석이라고 해도 속사정을 모르는 철부지들의 구들장 신세를 모면하기는 어려웠다. 바짝 쪼그라든 고추를 보고 번데기라고 낄낄거리면서 서로 목말을 태워 어렵사리 집채만 한 족감석을 정복해 벌렁 드러눕곤 했다. 이 바위가 족감석이었다니.

뒤늦게 내력을 알고 마주한 족감석 아래 서자 한내창(한천)에 가면 설문대할망의 모자도 있고 둥근 방석도 있다던 할머니의 옛날이야기가 떠올랐다. 순간 아스라한 기억과 함께 유년의 물음표 상자가 한꺼번에 열리더니 벌떼처럼 쏟아져 나온 의문부호들이 나를 뒤덮었다. 물음표의 군단은 한덩어리로 뭉치더니 마법 소년 해리 포터의 이마에 새겨진 번개 마크처럼 기어이 내 이마에 자신의 육신을 붙박아버렸다.

설문대할망은 어떻게 섬을 만들고 산을 쌓아 올렸을까? 얼마나 클까? 어떻게 생겼을까? 고스란히 되살아난 어린 시절의 질문들은 내 이름조차 물음표로 바꿔놓았다. 근원을 향한 의문이 샘솟자 그동안 내 머릿속에 주워 담아온 설문대의 모든 사연을 차례로 복기했다.

섬은 어떻게 생겨났을까? 물음표가 된 나는 제주 사람들의 입에서 입으로 전해 내려온 천지창조의 옛이야기들을 갈무리하며 마치 한 편의 창세기 같은 서사시를 엮어내기 시작했다.

섬은 어떻게 생겨났을까?

깊고 푸른 연못 위에 나뭇잎처럼 둥실 떠 있는 제주섬이다. 섬사람들은 언제인지도 가늠하기 어려운 머나먼 옛날, 세상이 처음 생겨난 이래 이 섬이 태어나기까지의 창세기를 노래처럼 불러왔다. 그들의 노랫말에 실린 제주섬의 거룩한 창세기, 그 시작은 우주의 빅뱅부터였다.

시간도 공간도 없던 시절 섬사람들의 우주는 하나의 암흑 덩어리였다. 시작도 없고 끝도 없는 암흑은 무한히 번지며 세 갈래로 나뉘기 시작했다. 무거운 것은 흑이슬이 되어 가라앉고 가벼운 것은 백이슬이 되어 피어올랐다. 그 가운데서 청이슬이 솟아나며 무한한 공간이 생겨났다. 검은 이슬, 하얀 이슬, 푸른 이슬이 다시 엉겨 붙더니 세 마리의 거대한 새가 태어났다. 이들은 천황닭, 지황닭, 인황닭이라는 이름을 얻고 섬사람들의 신화 속에 태초의 창조주로 새겨졌다. 태초의 새 중에서 먼저 천황닭이 천천히 고개를 치켜들자 빛이 생겨났다. 뒤이어 지황닭이 날개를 펼치자 우리가 사는 별을 비롯한 우주의 뭇별들이 생겨났다. 마지막으로 인황닭이 꼬리를 뒤흔드니 수많은 생명이 태어났다. 태초의 새들이 긴 울음소리를 남기며 사라지자 비로소 시간이 생겨났다.

태초의 새들이 빚어낸 우주의 시간과 공간은 완전하지 않았던 모양이다. 그들이 사라진 자리에서 도수문장이라는 거구의 신과 한쪽 눈에 두 개의 눈동자를 가진 청의동자 반고씨가 태어났다. 하루에도 수만 척씩 키가 자라던 도수문장은 우주의 공간을 넓혀 하늘과 땅을 둘로 나눠 멀리 떨어뜨렸다. 그리고는 반고씨가 가진 네 개의 눈동자로 하늘과 땅 사이의 공간에 각각 두 개의 해와 달을 만들고 연기처럼 흩어지며 사라졌다.

도수문장과 반고씨가 사라진 곳에서 하늘의 왕 하늘옥황천지왕과 땅의 왕 지부왕총명부인이 절로 솟아났다. 뒤이어 그들을 보좌하는 수많은 신들이 태어났다. 천지왕은 세상을 다시 이승과 저승,

천상과 지상으로 분리하고 총명부인과 하룻밤을 함께 보낸 뒤 두 아들을 얻었다. 천지왕과 총명부인 사이에서 쌍둥이가 태어났다. 대별왕과 소별왕이다. 형제가 커다란 활을 들고 두 개씩인 해와 달을 하나씩 쏘아 떨어뜨리자 낮과 밤이 생겨났다. 이들이 세상 만물의 질서를 바로잡은 뒤 이승과 저승을 나누어 다스리게 되자 우리가 사는 세상이 비로소 완전해지기에 이르렀다.

이렇게 태초의 신들이 저마다 우주의 모든 것을 차례로 만들어 내며 우리가 사는 세상이 완전해졌다. 태초의 신들로부터 세상을 선물 받은 지상의 인간들도 저마다 무리 지어 자신들의 터전을 일구기 시작했다. 많은 고장들이 줄줄이 생겨났다. 하지만 이때까지도 제주섬이 있어야 할 자리엔 망망한 바다뿐이었다.

푸른 물결만 출렁이기를 거듭하던 어느 날이었다. 수평선 너머 아득히 먼 곳에서 하늘까지 닿는 큰 키를 가진 여신이 구름을 헤치며 성큼성큼 걸어오는 것이 아닌가. 드넓은 바다를 둘러보던 여신은 바다만큼이나 넓은 치맛자락을 펼쳐 수중의 흙이며 바위를 쓸어모으기 시작했다. 치맛자락으로 일곱 차례에 걸쳐 흙을 끌어모아 쌓아 올리자 둥그런 섬 하나와 그 가운데 봉긋 솟은 산이 하나 생겨났다. 여신은 자신이 만들어낸 섬 이곳저곳을 매만지며 아름다운 모양새로 다듬었다. 그리하여 자신의 가족들을 불러모아 이 섬을 보금자리 삼았으니 사람을 비롯한 수많은 생명들이 저절로 모여들어 또 하나의 세상이 이루어졌다.

　사람들은 이 섬을 탐라라고 부르기 시작했고, 섬 가운데 높다란 산은 은하수를 잡아당길 것처럼 구름 위로 솟았다고 한라산이라는 이름을 붙여놓았다. 또한 자신들의 영원한 터전이 된 이 섬을 만든 여신을 설문대할망이라고 부르며 거룩한 마음으로 섬기기에 이르렀다.

심연 속으로 사라진 할망

　부족하지도 넘쳐나지도 않는 섬이 만들어진 뒤였지만 설문대할망은 물러나지 않고 섬사람들과 만생명을 보살피는 풍요와 평화의 수호신이 되었다. 설문대는 만생명을 보살피는 한편 자신의 삶을 이어가기 위한 여러 가지 일도 했다. 아무리 허드렛일이라고 한들 섬의 창조주의 움직임 하나하나는 또 다른 창조였다. 세상을 창조하며 앞서갔던 신들이 연거푸 행했던 것을 잇는 두 번째 세 번째 창조와 다름없는 일이었다.

　섬사람들의 귓전에 감돌며 지금까지 전해온 설문대의 행적을 담은 이야기 대부분은 제주섬의 자연과 잇닿아 있다. 무엇보다도 먼저 한 일은 섬을 만들기 위해 흙을 쓸어 담느라 누더기가 된 치마를 손보는 일이었다. 우선 몸에 둘렀던 치마를 벗어 깨끗하게 빨기 시작했다. 설문대는 한라산을 방석 삼아 걸터앉고는 한 발은 우도에 걸치고 다른 한 발은 제주섬과 뭍 사이, 바다 한가운데 자리한 관탈섬에 걸치고 바닷물에 치마를 담갔다. 빨래 바구니로는 성산포의 일출봉과 김녕리 바닷가 암초인 두럭산이 안성맞춤이었다. 섬사람들에게 전해오는 이야기는 여럿이어서 때때로 서귀포의 오름 고근산에 걸터앉아 빨래를 했다고도 한다. 이때 발을 잠깐 움직이다가 서귀포 앞바다의 범섬이 발가락에 살짝 닿아서 구멍이 파여 이 섬의 자랑인 두 개의 커다란 해식동굴로 자리 잡았다.

깨끗하게 빨았지만 치마는 듬성듬성 구멍이 나고 여기저기 찢겨 있었다. 설문대할망은 일출봉 중턱에 우뚝 솟은 바위기둥 위에 바늘쌈지와 등잔을 올려놓고 낡은 치마를 여미며 누볐다. 이 덕분에 바위기둥은 등잔 받침이라는 뜻의 등경돌이라는 이름을 얻었다.

빨래도 빨래였지만 설문대할망에게는 남편인 설문대하르방 사이에서 태어난 오백 아들이 있었다. 부모를 닮아 역시나 거대한 몸집인 자식들을 배불리 먹이기 위해 설문대할망과 설문대하르방은 일출봉 앞바다를 헤집으며 많은 물고기를 잡아서 찬거리 삼았다. 또 엄청나게 큰 솥 가득 팥죽을 끓여 가족들의 먹거리를 장만했다. 음식을 만들 때 솥을 앉혔던 화덕이 제주섬 곳곳에 남아있는데 구좌읍 송당리의 새덕앗인밧, 애월읍 애월리와 곽지리의 솥바리, 외솥바리, 삼솥바리 등이 설문대의 아궁이로 불린다.

때때로 한가로이 노닐 때면 천천히 자신의 섬을 거닐었다. 섬을 만들 때 쏟아부은 흙이 여기저기 흩어져 생겨난 크고 작은 오름들을 어루만졌다. 너무 두드러지게 솟아오른 것은 산부리를 살짝 건드려 높이를 조절했다. 제주도 오름의 요정으로 불리는 다랑쉬오름의 깊은 분화구도 이때 만들어졌고 한라산부터 바다까지 이어지는 계곡들이 생겨났다. 골골산산 깊은 못과 샘도 여기저기서 솟구쳤다. 어떤 날은 커다란 바윗덩이들을 모아 공기놀이를 했는데 지금도 애월읍 상가리와 애월리, 제주시 해안동에 설문대의 공깃돌 바위들이 남아있다.

섬의 창조주 설문대가 오름과 계곡을 매만지며 자연을 정비하는 사이 어느덧 큰 무리를 이뤄 자신들의 왕국을 세운 섬사람들은 바다 밖 세상을 동경하기에 이르렀다. 수평선 너머에 또 다른 세상이 있다는 사실을 깨달은 것이다. 다른 세상이 어찌나 궁금했던지 그들은 설문대 앞에 무릎 꿇고 절실한 기도를 올렸다.

"두 손 모아 간청하오니 부디 당신의 섬 바깥세상과 이어진 다리를 놓아주소서."

섬사람들의 절실한 애원을 모른 척할 수 없었다. 그리하여 설문대는 한 가지 제안을 꺼냈다. 그때까지도 설문대는 덧대어 기웠지만 자신의 거대한 몸을 전부 감쌀 수 없었던 치마를 입고 있었다. 하여 섬사람들에게 명주 백 통을 모아 새 치마를 만들어주면 다른 세상을 잇는 다리를 놓아주겠노라는 약속을 했다. 명주 백 통이라. 명주 백 필이 한 통인데 그 많은 명주를 만들어내기란 엄청난 일이었다. 그래도 섬사람들은 다리를 얻을 수 있다는 희망의 끈을 놓지 않고 밤낮없이 물레를 돌리고 베틀질을 했다. 이들의 지극정성을 살펴보던 설문대는 다리 놓기에 마땅한 터를 찾아 섬을 둘러보다 조천읍 조천리 바닷가를 점찍었다. 다시 치마폭에 바닷속의 흙을 쓸어 담아 끝도 없이 긴 다리를 놓기 시작했다. 질세라 섬사람들도 명주 만들기에 더욱 박차를 가했다.

어느덧 약속한 날이 다가왔다. 섬사람들이 만든 명주가 산더미처럼 쌓였는데 그 수를 헤아렸더니 안타깝게도 딱 한 통이 모자란 아흔아홉 통이었다. 결국 새 치마를 얻지 못하게 되자 설문대는 섬사람들의 애원을 물리치고 다른 세상과 이으려던 다리를 허물어버리고는 종적을 감추고 말았다. 설문대가 허물어버린 다리의 흔적이 지금도 조천읍 조천리에 남아있는데 이를 엉장메동산 또는 엉장메코지라고 부른다.

여신의 상징이며 신성한 왕관인 족두리를 벗어 한천 계곡에 남겨두고 속절없이 사라진 설문대는 어디로 갔을까? 다리를 놓아주지 않은 것이 못내 야속했던지 섬사람들은 설문대를 찾아 섬 곳곳을 헤매어 다녔지만 어디에서도 종적을 찾을 수 없었다. 야속한 여신이 사라진 뒤 섬사람들 사이에는 여러 가지 이야기가 나돌았다. 설문대의 실종을 다룬 이야기는 제각각이었지만 결말은 하나같이 죽음이었다.

전지전능한 신이 죽는다는 게 믿기지 않지만 설문대의 최후를 담은 이야기 중 첫 번째는 죽솥에 담긴 사연이다. 오백이나 되는 자식들을 먹이려고 팥죽을 끓이던 설문대가 한라산만큼이나 큰 무쇠솥에 빠져 죽었다는 것이다. 사냥을 나갔던 아들들이 돌아와보니 어머니는 온데간데없고 잘 익은 팥죽만 있었다. 어찌나 허기가 졌던지 아들들은 허겁지겁 죽을 퍼먹기 시작했다. 먹성 좋은 아들들은 금세 솥을 비워내고 포만감을 만끽하던 차에 솥 밑바닥에서 전에 보지 못했던 뭔가를 발견했다. 소름 끼치게도 그것은 어머니의 뼈였다. 어머니의 육신을 먹고 만 것이다. 자신들의 소행에 큰 충격을 받은 오백 아들들은 너무나 비통한 나머지 그 자리에서 돌처럼 굳어버렸다. 아니나 다를까. 실제로 바위로 변한 오백 아들들은 지금도 한라산 영실계곡 주변에 불쑥불쑥 솟아난 바위기둥으로 남아있다.

한편 섬사람 중에는 죽솥에 빠져 죽은 것은 설문대할망이 아니라 남편인 설문대하르방이라고 말하는 이들도 있었다. 설문대하르방이 팥죽을 끓이다 솥에 빠져 죽었고, 이 사실을 모르는 아들들은 배불리 먹은 뒤에야 아버지의 뼈를 발견하고 바위기둥으로 변해버렸다. 뒤늦게 돌아온 설문대할망이 모든 사실을 알아내고 크게 슬퍼하며 한라산 꼭대기를 움켜쥐고 통곡하다 뽑아 던진 것이 멀리 날아가서 산방산이 되었다는 것이다. 그럴싸한 근거가 필요했던지 설문대하르방의 죽음이라고 말하는 이들은 산방산을 백록담에 끼워 맞추면 요철처럼 딱 들어맞는다고 너스레를 떨었다.

죽은 것이 설문대하르방이라면 설문대할망은 어디로 사라졌단 말인가? 여신이 죽었다고 믿는 사람들은 또 다른 이야기를 꺼내 들었다. 하늘까지 닿는 큰 키를 지녔던 설문대는 자신의 키를 큰 자랑으로 여기고 있었다. 그런데 정작 자신이 만들어낸 섬의 깊은 연못들의 깊이만큼은 안 될 것이라는 섬사람들의 이야기를 듣고 역정이 났다고 한다. 설문대할망은 본때를 보여주기로 작정하고 제주섬에서 가장 깊다는 물을 헤아려 용연과 홍릿물, 물장오리를 추려냈다. 그리하여 보란 듯이 세 곳의 물가로 다가갔다.

제일 처음 찾아간 곳은 한라산 북녘 바다와 이어진 한천계곡의 끝자락 용연이었다. 검푸른 물빛으로 깊이를 자랑하는 용연에 유유히 들어섰더니 발등에도 차지 않았다. 미소를 머금은 설문대는 한라산을 껑충 뛰어넘어 홍릿물에 들어섰다. 용연보다는 훨씬 깊었던지 쑥 빠져들었지만 겨우 무릎까지 물이 차올랐다. 이제 남은 것은 한라산 중턱의 물장오리였다. 그래봤자 자신이 만든 곳인데 설마 빠져 죽기야 하겠냐는 가뿐한 마음으로 성큼 들어섰다. 그런데 웬걸, 누군가 잡아당기기라도 하는 것처럼 순식간에 빨려들더니 거대한 육신이 물속으로 완전히 잠기고 말았다. 심연으로 빨려들어 영영 사라지고 만 것이다. 섬을 만든 창조주가 자신의 창조물

속으로 빨려들다니. 누구도 믿을 수 없는 이야기였지만 끝내 돌아오지 않고 사라진 설문대의 행적은 그렇게 물장오리의 최후로 일단락되었다.

더는 다른 세상을 잇는 다리를 얻을 수 없게 된 섬사람들로서는 이 섬이 최초이며 최후의 보루일 수밖에 없었다. 그들은 섬을 벗어날 수 없게 되자 이제는 곳곳에 자신들의 보금자리를 만들고 대대손손 이어나갈 터전을 일구기 시작했다. 그러나 수호신이 사라진 마당에 척박한 환경을 이겨내며 살아가기란 여간 힘든 일이 아니었다. 섬사람들은 하나둘씩 자신들만의 신을 섬기기 시작했다. 누군가는 바위를 섬기고 누군가는 나무를 섬겼다. 섬사람들의 믿음을 자양분 삼아 권능을 키워간 바위와 나무의 정령들은 제각기 위대한 신으로 자라났다. 마침내 한 마을씩 차지하게 되었으니 무려 1만8천에 이르는 신들이 섬사람들의 삶과 죽음을 관장하는 신들의 본향이 열려 오늘에 이르렀다.

물음표의 리포트

봉인을 풀고 순식간에 되살아난 의문부호가 되레 자신의 주인에게 펼친 역공에 백기를 든 나는 이제 영락없이 물음표의 삶을 사는 신세가 되었다. 물음표로 변신해 간추린 섬의 창세기는 많은 신이 나타났다 사라지기를 거듭하는 대하드라마였다. 창세기는 마침내 설문대가 나타나 제주섬을 창조한 뒤 사라지는 것으로 마무리됐다.

이 창세기를 토대로 모든 것을 창조하고 사라진 설문대를 찾아내기란 서울에서 김서방 찾기보다 어려운 일이었다. 그렇다면 나의 의문부호를 되살려낸 족감석처럼 제주섬 곳곳에 숨겨져 있는 설문대의 전설지들을 찾아다니는 것은 어떨까? 그러다 보면 언제고 설문대의 현신을 보게 되지 않을까? 그것 말고는 달리 도리가 없지 않은가.

물음표는 이런저런 생각 끝에 커다란 제주도 지도 한 장을 펼쳐 놓았다. 섬의 창세기 속 설문대 전설지의 위치를 하나씩 찾아내며 마킹을 했다. 지도에 많은 점이 별처럼 들이박혔다.

"이제 행랑을 꾸려 한 곳씩 둘러봐야 할 때다. 행랑이라고 해봤자 온통 의문부호만 가득하겠지만 들쳐 메고 싸돌아다니다 보면 슬슬 풀리겠지. 때로는 탐험가처럼 때로는 여행자처럼 그도 아니면 인문학자처럼 나만의 리포트를 만들자. 이것은 설문대루트 탐사기다."

어느 곳부터 갈 것인지 순서가 정해졌다. 물음표는 그렇게 의문부호의 행랑을 메고 노트 한 권을 손에 쥐었다. 설문대의 흔적을 찾는 여정에서 나날이 황폐해지고 있는 제주섬의 자연과도 만날 것이고, 여전히 자연과 더불어 살며 그 옛날의 영성을 오롯이 간직한 삶과도 마주치겠지. 앞으로 만나는 모든 것이 물음표에겐 설문대를 찾는 실마리가 될 것이다. 어디를 찾아가든 누구와 만나든 보고 들은 모든 것을 풀이하고 꼼꼼하게 기록하자. 이 리포트의 마지막 문단이 여전히 풀지 못한 의문부호로 끝을 맺더라도….

생각의 지도 속 ——————— 1.
설문대

불꽃을 일으키며 현신한 설문대

물음표는 본격적인 여정에 돌입하기에 앞서 다시 생각에 잠겼다. 제주섬의 창세기 속 설문대할망은 살아있는 존재였지만 다른 세상을 잇는 다리를 놓는 대역사에서 또 다른 운명을 맞이했다. 종적을 감춘 할망의 행방에 대해 섬사람들은 창조주의 죽음이라는 파국적인 사건으로 갈무리하며 창세의 시대를 종결지었다. 설문대가 사라진 자리는 무려 1만8천에 이르는 다채로운 신들의 차지가 되었다. 창세기와는 다른 시대로 접어든 것이 분명했다. 그렇다면 눈에 보이는 세상에서 사라진 설문대는 섬사람들의 기억 속 세상에서도 영원히 사라진 것일까?

물음표의 뇌리에 이 나라 모든 사람의 눈앞에 모습을 드러냈던 설문대할망의 현신이 떠올랐다. 지난 1998년의 일이었다. 그때까지 제주도에서는 전국 단위의 행사가 거의 없다시피 했었는데 마침내 전국체전이 열렸다. 올림픽을 비롯한 각종 스포츠 행사의 꽃은 당연히 개막식과 성화 점화다. 이때 제주에서 열린 전국체전 개막식에서 설문대할망이 나타나 큰 화제가 되었다. 성화 최종점화에 이르러 백록담을 닮은 성화대가 위용을 드러냈다. 이윽고 백록담을 손바닥 위에 올려놓을 만큼 거대한 여신의 상반신이 TV 화면에 등장했다. 설문대였다. 최종점화자가 성화대 가까이 다가오자 온화한 미소를 띤 여신이 손을 내밀었다. 점화자가 손바닥 위에 오르자 거대한 할망의 손은 그를 백록담으로 인도했다. 마침내 먼 옛날 세상 어떤 것보다 더욱 뜨겁게 터져 올랐던 활화산의 불길이 다시 치솟았다. 이 섬의 창조주는 그렇게 이 나라 모든 곳에 자신의 존재를 알렸다.

제주섬 토박이들 대부분은 커다란 할망이 설문대라는 것을 단박에 알아차렸다. 이와 달리 뭍사람들은 난데없이 등장한 저 노파가 도대체 누구냐며 질문을 쏟아냈다. 중계방송 진행자를 통해 설문대와 그를 둘러싼 옛이야기가 간략하게 소개되자 호기심이 발동한 사람들은 육지의 마고할미에 견주기에 이르렀다.

"제주도를 만든 여신이래."

"엄청난 거인이라며?"

"그러게. 흙을 일곱 번 날라서 저 높은 한라산까지 만들었다니까 좀 크겠어?"

"우리 고향에도 비슷한 할미들 이야기가 있어. 근데 우린 마고할 미라고 불러. 산성도 만들고 계곡도 만들었대."

"그래? 우리 고향엔 개양할미라고 비슷한 여신이 있어. 누가 그 러던데 여기저기 안가닥할미니 수성할미니 많다더라."

이처럼 뭍에도 거인의 몸으로 산과 강을 만들어낸 많은 여신의 이야기가 곳곳에 전해오고 있었다. 지역마다 특유의 이름을 지니 고 있었지만 마고할미는 가장 많은 곳에서 불리던 호칭이었다.

물음표로서는 설문대와 마고를 즉각적으로 대입하는 것에 대한 회의감이 없지 않았지만 비슷한 점도 넘쳐나서 크게 부정하지도 않는 터였다. 그보다는 둘이 같은 여신이고 아니고를 떠나 제주 사 람들에게 영영 사라진 창조주 설문대가 어떻게 기억되고 있는가가 중요했다. 자신의 존재를 세상에 다시 알린 설문대는 섬사람들의 머릿속에 어떤 모습으로 살아남아 있을까? 제주섬 이곳저곳에 설 문대할망의 전설을 품은 자연물이 즐비하지만 그것을 신성하게 여 기는 사람들은 대부분 사라진 시대다. 과연 섬사람들의 생각의 지 도 속에 여전히 한 자리를 차지하고 있을까?

순식간에 지나온 것 같지만 돌이켜보면 무척이나 긴 시간이었다. 물음표는 제주도 신화의 발원지를 찾기 위해 오랫동안 굿판을 찾아 이리저리 떠돌아다녔다. 주위 사람 중 굿판의 속사정을 두루뭉술하게만 짐작하는 이들이 많았다. 야만적인 미신 행위 속에 무슨 신화가 있냐며 핀잔을 늘어놓는 친구도 있었다. 그럴 때마다 물음표는 자기가 알고 있는 모든 지식을 동원하며 대단한 학자라도 된 것처럼 굿과 신화의 관계에 대해 길고 지루한 강론을 펼쳐야 했다.

"염라대왕이나 삼신할머니 이야기 같은 건 들어봤지?"

"그야 영화나 드라마에도 종종 나오는 신들이잖아. 저승사자도 나오고 도깨비도 나오고."

"그래, 그런 신들의 사연을 신화라고 하잖아. 그리스신화처럼. 근데 그 이야기들이 죄다 제주도 굿 속에서 만들어진 이야기라고. 옥황상제부터 용왕의 이야기까지 한두 가지가 아니거든. 제주도 굿에는 무려 1만8천이나 되는 신들이 있는데 말이야. 마을에서 굿을 하거나 일반 가정집에서 개인적으로 굿을 할 때 그런 신들을 두루두루 모셔서 섬긴다고. 그때마다 모시는 신들이 어떻게 해서 이러저러한 신이 되었다. 뭐, 이런 사연을 일일이 노래해. 이걸 본풀이라고 하는데 지금까지 알려진 것만도 수백 편이 넘어. 본풀이가 바로 신화야. 예를 들면 제주에 해녀들이 많은데 그분들은 해마다 음력 2월경에 바람의 신인 영등과 용왕께 기원하는 굿을 열어. 거기서도 어김없이 여러 가지 본풀이로 신들의 사연을 들려주더라고. 이러니 내가 끊임없이 굿판을 찾아다니는 거야."

"그럼 제주도의 굿 속에 네가 홀딱 빠진 설문대할망도 있어?"

"어, 그게 말이지, 근데…."

이런 질문이 되돌아올 때마다 속사포처럼 열변을 토해내던 물음표는 입을 굳게 닫을 수밖에 없었다. 자신도 풀지 못한 숙제였으니까.

"아니, 제주섬을 창조한 신이라면 첫손에 꼽혀야 할 텐데 왜 없는 거야? 제주도 굿판엔 자그마치 1만8천이나 신들이 있다면서 설문대가 없다니 말이 돼?"

퉁명스러운 질문은 정곡을 찌르는 것이었다. 제주는 신화의 섬이라고 불려도 손색이 없을 정도인데 정작 그 많은 신을 섬긴다는 굿판에 설문대의 자리가 없다니. 물음표에게 주어진 가장 큰 수수께끼 중 하나였다. 물음표가 알아낸 바로는 설문대가 제주도 무속신화 속에 전면적으로 모습을 드러내는 사례가 없었다. 다른 신의 사연 속에 조연급도 아닌 엑스트라처럼 아주 잠깐 이름을 내비치는 경우는 더러 있지만 그것을 설문대의 신화라고 하는 것은 지나친 억지였다.

물음표는 이 문제를 놓고 많은 자료를 살펴보며 골머리를 앓던 끝에 옹색하기 짝이 없는 자신만의 풀이를 내놓았다. 수렵이 생존 기술이던 시대의 사람들은 커다란 들소도 단숨에 사냥하는 맹수 같은 신을 우러러봤다. 농경의 시대에는 풍요와 결실을 일궈주는 신을 섬겼다. 자연히 수렵의 신은 농경의 신에게 최상의 자리를 넘겨줬다. 나무와 바위를 숭배하던 시절에서 동물을 섬기는 시대를 넘어 사람을 닮은 신을 상상하는 데까지 이르렀다. 불경스러운 표현일 수 있지만 사람들은 자신들이 원하는 권능을 지닌 신들을 시시때때로 발명했다는 결론을 얻었다. 제주섬의 창세기에서 도수문장과 청의동자 반고씨가 사라지고 대별왕, 소별왕을 거쳐 설문대로 이어진 것이 좋은 예다. 권능의 쓸모가 약해진 신들은 신화의 자리에서 사라져서 전설과 민담의 영역으로 자리를 옮겨갔다. 설문대 또한 신화의 자리에서 전설로 옮겨가며 신앙의 영역에서 물러난 것이다.

"신화와 전설은 같은 거 아냐? 무슨 차이가 있다고 그래?"

친구의 반격에 대응하는 물음표의 2라운드는 그림 형제의 유명세를 빌린 작전으로 이동했다.

"차이가 있지? 그림 형제 알지? 헨젤과 그레텔, 숲속의 잠자는 공주…."

"그림 형제? 독일 사람들. 동화작가잖아."

"동화작가는 아니고, 아무튼 그림 형제가 신화와 전설의 차이를 구분했지."

독일을 중심으로 유럽의 옛날이야기를 쓸어 모은 그림 형제는 엄청난 이야기보따리를 쌓아놓고 하나하나 풀어가며 갈무리했다. 그러던 중에 두 형제는 이야기라는 것이 여러 갈래로 나뉜다는 사실을 발견했다. 이들은 이야기의 계통을 신화, 전설, 민담의 세 가지로 나눈 뒤 설화삼분법이라는 구분법을 적용해 친절하게 설명했다.

이 형제는 우리 인류가 문자를 발명하기 전부터 입에서 입으로 이어온 이야기를 세 갈래로 나눴다. 설화의 세 갈래 중 가장 먼저 생겨난 것을 신화로 보았다. 오랜 세월에 걸쳐 인류가 이룩해 온 문명의 시원을 추적해 보면 무엇보다 종교가 으뜸이다. 종교는 오랜 옛날부터 오늘날에 이르기까지 수많은 문화의 산물을 만들어냈다. 이야기 또한 문화의 산물이며 최초의 이야기는 당연히 신화다. 그림 형제는 이렇게 신화가 모든 이야기의 원조라고 밝히며 그것의 자격을 말했다. 이들의 이론에 따르면 하나 이상의 신이 등장하는 이야기가 신화인데 한 가지 단서조항이 있다는 것이다. 신이 등장하는 이야기라고 하더라도 그 이야기 속의 신을 직접적으로 숭배하는 신앙이 뒤따라야 비로소 신화의 자격을 얻는다. 다시 말하면 신화는 의례와 짝을 이뤄 종교의 바탕이 돼야 성스러운 이야기의 자격을 얻는다는 것이다. 세상의 모든 이야기가 이와 같이 신화라는 뿌리에서 자라난 가지라고 하는데, 하나의 신이 또 다른 신에게 권능을 물려주고 사라지더라도 그들의 이야기는 쉽게 사위지 않고 살아남아 다른 자리로 옮겨간다고 한다.

그렇게 전설이 태어난다. 전설 속에도 많은 신이 등장하지만 그들은 더이상 숭배의 대상이 아니라는 것이다. 다만 황당무계한 이야기가 아니라는 것을 밝히기 위해 사람의 눈에 드러나는 증거를 남긴다. 이를테면 설문대가 치마폭에 흙을 담아 섬을 만들고 산을 만든 이야기의 증거물로 제주섬과 한라산이 현실에 존재하는 것이 좋은 예다. 또한 증거물은 자연물에만 그치는 것이 아니라 낮과 밤, 삶과 죽음 등의 자연현상 등으로도 남는다고 한다. 그림 형제는 이렇게 신화와 전설의 차이점을 정리했다.

그리고 한 가지 더. 전설과 민담은 어떻게 구분되는가에 대해서도 정리했는데 그 기준은 증거물의 유무라고 정리했다. 전설이 증거물을 통해 이야기의 근거를 두는 것과 달리 민담은 어떤 규칙의 통제를 받지도 않은 채 밑도 끝도 없이 자유롭게 전개된다고 밝혔다. 그림 형제의 주장대로라면 신화는 성스러운 이야기, 전설은 사물의 유래와 자연현상에 대한 정보를 담는 교과서 같은 이야기이며 민담은 오락적인 이야기라고 해도 무방하지 않을까?

이처럼 물음표는 제주의 굿판에 설문대의 자리가 없는 것에 대해 저만의 해석을 갖고 둘러대곤 했다. 정작 자신의 논리가 아직은 불충분하다는 것을 잘 알았지만. 하지만 역설적으로 물음표 자신에겐 불충분한 해석이야말로 발걸음에 힘을 불어넣는 동력이었다. 설문대의 흔적을 쫓게 된 동기, 즉 수많은 질문 중 하나였으니까.

"풀리지 않는 생각의 지도와 현실의 지도를 마주 겹쳐놓고 내처 걷다 보면 언젠가 슬슬 풀리겠지. 일단 가 보자."

물 가운데 섬 하나, 섬 가운데 산 하나

백록담 하나에도 많은 사연이 있어

신발 끈을 단단히 매조지고 나선 물음표도 그렇거니와 누구라도 이 섬에서 여장을 꾸리는 이들의 눈에 가장 먼저 들어오는 것이 한라산이다. 몇몇 마을에선 다른 무엇에 가려 한라산을 볼 수 없다는 말도 있지만 그런 곳에서도 몇 걸음만 비켜서면 훤히 눈에 들어오는 높은 산이다. 물음표도 자신의 시야를 가로막는 한라산을 피하지 못했다. 가장 먼저 눈에 들어오기도 했거니와 제주에서 한라산만큼 설문대할망과 인연 깊은 곳이 어디 있을까 싶어서 어디보다 먼저 헤아리고 싶었다.

한라산에 초점을 맞춘 물음표는 머릿속에 켜켜이 쌓인 기억의 지층을 더듬었다. 어이없게도 아무 쓸모도 없는데 무작정 외워야

했던 한라산의 높이가 가장 먼저 떠올랐다.

"한번 구경 오십시오. 이게 한라산 높이야. 1950미터. 똑똑히 외워뒀다가 관광객들이 물어보면 친절하게 표준어로 대답해라. 다들 알았지?"

"넷!"

강압적 교육 덕택에 머릿속에 입력한 한라산의 높이다. 물음표는 세뇌의 위력을 실감하며 다른 생각으로 방향을 급선회했다.

설문대할망이 만들었다는 사연 말고 한라산을 둘러싼 제주의 옛이야기들은 어떤 것이 있을까? 백록담이 만들어진 이야기 몇 가지가 떠올랐다. 설문대가 주인공인 이야기도 있고, 여신과는 관련이 없는 이야기도 있었다. 설문대가 등장하지 않는 이야기 중 가장 널리 알려진 것은 사냥꾼의 사연이었다.

신화와 전설이 현실처럼 여겨지던 먼 옛날 구름을 뚫고 드높이 솟은 한라산 꼭대기는 지금과 달라서 뾰족한 봉우리가 있었다고 한다. 봉우리에는 신선들과 그들이 타고 다닌다는 흰 사슴들이 살고 있었다. 섬사람들은 그곳을 무척이나 영험하다고 여겨 누구도 오르리란 마음을 먹지 않았다. 하지만 어느 시절에나 유별난 사람이 있는 법, 활 다루는 솜씨가 일품인 한 사냥꾼이 흰 사슴을 잡을 작정으로 전인미답의 한라산 꼭대기를 향해 산을 타고 올랐다. 마침내 죽을힘을 다해 한라산 정상에 다다랐다. 사냥꾼의 눈앞에 흰 사슴들이 떼를 지어 뛰노는 신비로운 모습이 펼쳐졌다. 사냥꾼은 벅차오르는 가슴을 진정시키며 흰 사슴을 향해 활을 겨눴다. 그런데 사냥꾼이 활시위를 당기는 순간 순식간에 코앞도 볼 수 없을 만큼 짙은 안개가 끼는 것이 아닌가. 사람들이 사사로이 올라오면 산신령이 진노해 안개와 비바람을 일으킨다는 이야기가 사실이었다.

자욱한 안개에 갇힌 사냥꾼은 목숨 걸고 올라왔는데 예서 포기할 수는 없다며 흰 사슴이 있는 곳을 짐작해 힘껏 시위를 당겼다. 화살이 바람을 가르며 날아가는 소리에 성공을 직감해 회심의 미소를 지었다. 그러나 잠시 후 지축을 뒤흔드는 굉음이 터져 나오며 산 전체가 흔들리기 시작했다. 화살이 어쩌나 세차게 날아갔던지 흰 사슴을 지나치다 못해 구름을 뚫고 천상까지 다다라 하필이면 옥황상제의 엉덩이에 박혀버렸다. 분노가 머리끝까지 치민 옥황상제는 사냥꾼을 혼내려고 하늘 같은 손을 뻗어 한라산 꼭대기를 뽑아 멀리 내던졌다. 한참을 날아간 산봉우리가 제주섬 서쪽 끄트머리에 쿵하고 내려앉으며 그대로 산이 되어 산방산이라는 이름을 얻게 되었다.

하나의 백록담을 놓고 어떤 이야기에는 사냥꾼과 옥황상제가 등장하고 어떤 이야기에는 설문대할망이며 설문대하르방이 등장하는 걸까? 입에서 입으로 전해온 설화는 이렇게 뒤죽박죽 얽혀 있었다. 수학 문제처럼 어느 하나만 정답이고 나머지는 오답으로 처리

설문대할망이 스며들었다는 물장오리오름의 산정호수

하면 해결되는 문제가 아니다. 그보다는 제각각인 이야기마다 숨겨진 의미를 파헤치는 것이 적절한 길이었다.

물음표가 헤아리기에 사냥꾼의 이야기는 비교적 후대에 만들어진 영웅 이야기로 보였다. 창조의 신을 다룬 설문대할망의 이야기가 그보다 오랜 신화시대의 이야기인 듯했다. 그림 형제의 말대로 신화에서 전설로 이어지는 설화의 이력서에 연대를 표시한다면 설문대가 앞선 이야기인 셈이다. 또한 이들 신과 영웅의 생물학적 성징을 따져보아도 애초에 사람을 닮은 신성은 여신이 앞선다고 하니 사냥꾼과 옥황상제의 이야기는 뒤처지는 것이 온당했다.

물음표는 구비문학의 역사를 논할 때 신의 시대에서 영웅의 시대로, 영웅의 시대에서 인간의 시대로 움직여왔다는 이론에 사냥꾼의 사연을 견주어보기도 했다. 영험한 존재인 흰 사슴을 노린 것은 물론 옥황상제의 엉덩이에 꽂힐 정도로 멀리까지 화살을 쏠 수 있었던 사냥꾼은 분명히 비범한 영웅으로 불릴 만하다. 하늘까지 화살을 쏠 수 있는 능력은 앞선 시대의 누군가와 데칼코마니처럼 겹친다. 대별왕과 소별왕이 각각 두 개씩이던 해와 달을 활을 쏘아 하나로 만들지 않았는가. 신화시대 신들의 권능과 견줄 정도로 뛰어난 활 솜씨를 지닌 사냥꾼이었지만 흰 사슴을 잡는 데는 실패했으며 실수로 옥황상제를 도발하는 데 그쳤다. 전지전능한 신의 능력과는 다른 영웅의 한계를 단적으로 보여주는 것이다.

인류가 만들어낸 이야기의 역사가 신화의 시대에서 영웅의 시대로 변화했다는 학자들의 해석은 이렇게 제주에도 적용되고 있었다. 물음표에게 설문대가 모습을 감춘 것도 이와 같은 이야기의 역사에 대입하면 실마리를 찾을 듯도 하다는 착상이 생겨났다.

모성과 부성 사이의 저울추

물음표는 사냥꾼의 영웅 이야기 속 백록담의 탄생은 이 정도로 접고 정작 자신이 몰두하는 설문대와 잇닿은 사연 속으로 접어들었다. 설문대할망의 설화 속에 등장하는 백록담은 제주섬의 창세기를 갈무리할 때 살펴본 바에 따르면 할망의 죽음과 이어진 이야기와 하르방의 죽음과 얽힌 이야기가 엇갈린다. 거대한 죽솥에 빠져 죽은 것은 할망일까? 하르방일까?

물음표의 결론은 둘 다였다. 어느 하나가 맞는 것이고 다른 것은 틀렸다고 단정 짓는 것 자체가 근본적으로 잘못된 해법이다. 두 이야기 모두 섬사람들의 오랜 이야기 유산인데 뭐는 맞고 뭐는 틀렸다는 건 너무나 어리석은 생각이니 그런 것에 에너지를 낭비할 필요는 없었다. 물음표의 관심사는 어떤 이야기가 지배적인가 하는 데 방점이 찍혀 있어서 또다시 두 이야기를 펼쳤다.

오늘날 설문대할망 설화 속 여러 가지 이야기 중에서 백록담이 만들어진 사연도 여러 가지다. 할망이 한라산을 만들고 보니 너무 높아서 은하수를 찢어놓을 것 같아 봉우리를 손으로 옮겨 놓은 것이 산방산이 되었고 파낸 자리가 백록담이 되었다는 이야기가 있다. 이와 다른 이야기는 설문대하르방의 죽음이 백록담을 탄생시켰다는 사연이다. 하르방이 오백 명의 아들을 위해 죽을 끓이다가 그만 솥에 빠져 죽고 말았다. 사실을 모르고 죽을 먹던 아들들은 아버지의 뼈를 발견한 뒤에 통곡하던 나머지 그 자리에서 돌이 되었다. 이에 낙심한 할망이 산부리를 뽑아 던진 것이 산방산이 되었다고 한다.

그런데 많은 사람들이 알고 있는 이야기는 이와 다르다. 설문대할망이 오백 아들들을 먹일 죽을 끓이다 솥에 빠져 죽었고, 사실을 모른 아들들이 솥을 말끔히 비운 뒤에야 어머니의 뼈를 발견했다. 결국 앞의 이야기처럼 그 자리에서 돌이 되었다는 결말이 널리 알려진 사연이다. 백록담이 생겨난 내력은 아예 없다. 솥에 빠져 죽음을 맞은 것이 하르방이라는 앞의 이야기는 어머니의 순결한 희생과 지극한 모성을 칭송하는 사연에 매료된 이들에겐 다소 충격적일 수 있겠다. 물음표는 어머니가 아닌 아버지의 죽음을 눈여겨봤다.

"무슨 이유로 하르방의 죽음은 섬사람들에게 널리 회자되지 않는 것일까? 무슨 이유로 할망이 한라산과 백록담, 그리고 산방산을 만든 창조성보다 희생과 모성을 강조하는 것만 부각되는 것일까?"

물음표는 이를 남성 중심의 시선이 낳은 결과로 보았다. 여성의 본성을 모성에 머물게 만드는 남성 권력 사회의 태도가 신성에게도 미쳤다고 추론한 것이다. 물음표는 자신의 추론을 토대로 사람들에게 질문하고 싶은 충동을 느꼈다.

"여신은 당연히 어머니여야만 한다는 등식은 가부장적인 남성 중심의 사회가 만들어낸 관념은 아닐까? 어쩌면 오랫동안 이어진 남성 권력 사회가 두 가지 이야기 중 자신에게 유리한 하나를 선택한 것이 오늘날까지 이어진 유산으로 남은 것은 아닐까? 죽솥에 빠져 죽은 이가 어머니라면 지고지순한 모성이며 반대의 경우는 그 못지않은 부성이라고 말할 수 있을까?"

물음표는 신에게 남녀의 젠더이분법을 적용하는 방식으로만 설문대의 죽음을 바라보는 것이 지겨웠다. 어머니가 죽었든 아버지가 죽었든 신의 죽음은 봄이 여름을 낳고, 여름은 가을을, 가을이 쇠한 자리에 겨울이 들어서서 다시 봄을 낳는 대자연의 변신과 순환을 비유한 것으로 풀이할 수 없을까? 한라산 꼭대기에 하늘 연못 백록담이 생겨난 이야기야말로 자연의 순환을 이르는 이야기인 것만 같은데. 신의 죽음은 다른 무엇인가로 변신하는 것이기 마련인데도.

산이 되어 섬에 잠든 여신

백록담에 맺힌 사연에 골몰하던 물음표의 시선은 어느새 서귀포의 삼매봉이며 영천오름 같은 곳으로 이어졌다. 한라산은 어디에서 볼 때 가장 아름다운가? 제주 사람들이 대거리를 할 때 자주 화제로 삼으며 저마다 자기네 동네에서 보는 한라산이 제일 아름답다는 결론을 내린다. 타협점이 전혀 없는 애향심이 한라산을 더욱 아름답게 만드는 이야기 마당에서 서귀포 사람들은 이런 말을 종종 덧붙인다. 예로부터 전해오는 설화는 아니지만 서귀포에서 나고 자란 이들은 서귀포 쪽에서 한라산을 보면 머리카락을 한껏 늘어뜨리고 하늘을 바라보고 누워있는 여인의 상반신을 닮았다고 한다. 그 여인이 깊은 잠에 든 설문대할망이라고 입을 모은다. 누가 일러주거나 가르치지도 않았는데 한라산 남쪽 사람들은 어려서부터 하루같이 봐온 한라산이 설문대라고 여긴다. 원시의 먼 옛날부터 지녀온 본능적 사고의 산물 아닐까?

인간의 두뇌 회로는 하나의 사물에 비슷한 모습을 가진 다른 무엇을 겹쳐보는 작용을 일으킬 때가 종종 있다. 이를테면 사람들은 종종 바위가 동물을 닮았다거나 감자며 당근 따위가 하트 모양으로 보인다며 다른 의미를 부여한다. 이를 두고 파레이돌리아 현상이라고 일컫는다. 이렇게 보면 모든 설화의 증거물들이 파레이돌리아의 산물일 수도 있다. 여기에 이야기가 덧붙으며 한라산이 잠들어 있는 설문대라는 데까지 이른 게 아닐까?

아직까지는 설화라고 볼 수 없지만 물음표의 눈에도 서귀포 사

한수리 영등굿 중 한라산을 향한 기원

람들이 이르는 설문대의 모습은 그곳에서 한라산을 바라볼 때 맞장구를 칠 만큼이나 확연했다. 영천오름 둘레길 초입에 선 물음표는 흰 눈이 내려앉은 한라산을 바라보며 '사체화생(死體化生)'이라는 키워드를 떠올렸다. 신화를 연구하는 전문가들은 이런 사고를 일러 '사체화생'이라는 말을 붙여 해석한다. 신을 비롯한 주술적 존재들은 죽어서 무엇인가로 변신한다는 말이 사체화생의 모티프다. 생물학적 죽음이 아니라 다른 무엇인가로 변신한다는 주술적 사고와 설문대할망이 곧 한라산이라고 말하는 서귀포 사람들의 이야기가 절묘하게 일치한다. 모성보다는 생명력과 창조력에 시선이 모여든 것이다.

"사체화생의 모티프가 한라산에 적용된다면 설문대할망은 스스로 섬이 된 거야. 다시 깨어날 날을 기약하며 깊은 잠에 빠져드신 거였어. 언젠가 다시 깨어나 태초의 그날처럼 또 다른 창조를 행하실 거야."

잠든 여신의 거룩한 모습에 홀딱 빠져 망부석처럼 멈춰선 물음표는 한라산을 덮은 흰 눈이 노을을 머금을 때까지 요지부동이었다. 물음표는 땅거미가 짙어져 박명만 남은 뒤에야 오름 둘레길을 한 바퀴 돌며 자연 자체가 신이라는 범신론의 진리를 새삼스럽게 소환했다. 산책의 종지부를 찍으며 혼잣말을 내뱉었다.

"저 산 위에 호텔이라니. 미치지 않고서야 감히 작당할 수 있는 일인가."

1960년대 중반에 벌어졌던 소름 끼치는 해프닝이 새삼스럽게 상기된 탓이다. 당시의 신문기사에 따르면 제주도정이 한라산 중턱의 성판악에서 백록담의 턱밑인 사라악까지 도로를 만들고 백록담 분화구 안에 세계적인 규모의 호텔을 짓겠다는 계획을 내놓았다고 한다. 다행히 결사적인 반대에 부딪쳐서 위험천만한 계획은 무산되었다. 다른 곳도 아니고 제주의 상징인 백록담에 호텔이라니. 물음표는 혀를 내두르며 전설 속의 사냥꾼보다 위대한 영웅의 서사를 쓰려고 했던 이들을 허공에 그려놓고 욕을 한바탕 쏘아댔다. 곱씹을수록 그들의 거사가 해프닝으로 결딴난 것은 천만다행인 일이었다.

하지만 다른 한편으로는 지금도 여전히 제주섬 곳곳을 파헤치며 난개발을 일삼는 일당들이 있다는 생각에 물음표는 또 다른 과녁을 만들어 욕설을 퍼부었다. 욕설이 동나자 후련했는지 언젠가 한라산의 창조주를 떠올리며 만들었던 노랫말이 떠올랐다. 그렇게 물음표의 첫 여정은 설문대할망을 향한 찬트로 막을 내렸다.

구름 속의 손 물결 속의 발
이어라 이어라 이어도이어
이어~ 이어~ 이어도이어
이어라 이어라 이어도이어

청산에 앉아 ———————————————
등경돌에 불 밝히고

망망한 바다 위에 섬 하나가 태어났다. 행여나 큰 물살이 섬을 삼킬까 싶어 한가운데를 도드라지게 퍼 올리니 높다란 산이 되어 마음이 놓였다. 이만하면 제아무리 큰 물살이 밀물져 와도 섬이 잠길 일은 없을 테니까. 하지만 생명이 움트기에 아직은 부족한 것이 많았다. 무엇보다 해와 달이 비치지 않아 밤과 낮이 없었다. 계절이 흐르지 않으니 바람도 없고 비도 눈도 내리지 않았다. 고심하던 설문대할망은 시간의 씨줄과 날줄을 엮으리라 작정했다. 큰 섬 귀퉁이에서 떨어져 나온 청산이 물레를 놓고 길쌈을 하기에 알맞아 보였다. 그리하여 할망은 청산에 물레를 놓고 그 중턱에 불쑥 불거져 나온 바위기둥에 돌 하나를 더 얹어 등잔을 올려놓았다. 누가 보진 않았겠지만 이때 설문대가 등잔과 더불어 바늘쌈지를 함께 올려놓

성산일출봉의 설문대할망 등경돌

아서 등잔 받침돌이라는 뜻의 '등경돌'과 바늘쌈지 받침돌을 뜻하는 '바농상지돌'이라는 두 가지 이름이 바위기둥에 붙여졌다.

여신의 직조가 뜻하는 것은

물음표는 해돋이의 명소로 알려진 일출봉 앞에 섰다. 보면 볼수록 신비감이 깊어지는 이 오름의 자태는 놀랍기 그지없다. 이 신비로운 오름에도 여지없이 설문대할망의 권능이 깃들어 있다는 것이 무척이나 반가웠다. 길을 모르는 것도 아니었지만 관광객 흉내라도 내고 싶었는지 물음표는 커다란 안내판 앞으로 갔다. 일출봉의 등반길을 상하 행로 둘로 나눈 코스가 구불구불한 선을 그리고 있었다. 두 개의 코스가 지나는 곳에 자리한 기암괴석에도 번호가 매겨져 설명이 따로 적혀 있었다. 습관적으로 번호와 설명문을 대조하며 읽던 물음표의 얼굴이 순식간에 일그러졌다. 물음표 옆에서 안내판을 바라보던 관광객의 한마디 때문에. 급선회하듯이 돌아선 물음표는 눈에 쌍심지를 켜고 냅다 일출봉을 향해 오르기 시작했다. 절경에 취한 관광객들의 느긋한 걸음과 달리 물음표는 뒷간을 찾는 사람처럼 다급하게 걸음을 뗐다.

"등경돌이 아니고 원숭이 바위라고. 혹시?"

물음표의 발에 부스터를 달아놓은 범인은 원숭이 바위라는 한마디였다. 이따금 풍문으로 들었던 소문이 사실이었다. 새로운 세기로 접어든 뒤 중국인 관광객들의 인해전술 같은 러시가 이어지면서 그들을 유인하기 위한 관광전략들이 속속 생겨났다. 막대한 중국 자본까지 진입해 어마어마한 위락시설들이 들어서는 난개발이 이어지다 못해 조그만 구멍가게에 이르기까지 중국인을 위한 서비스전략을 내놓았다. 듣도 보도 못했던 진풍경이 이어지는 가운데 유명 관광지와 얽힌 옛이야기까지 중국풍으로 윤색되기에 이르렀는데 그 여파가 등경돌에도 미쳤다. 물음표의 귀에 들려왔던 그 풍문에는 손오공이 등장했다. 중국인들이 전통적으로 손오공을 좋아해서 일출봉의 등경돌이 원숭이의 옆얼굴을 닮았다고 원숭이 바위라는 이름으로 바뀌었단 이야기였다.

"중국인이 좋아한다면 창씨개명이라도 할 셈이야!"

차마 입 밖으로 토해내지 못한 악다구니가 머릿속에서 메아리치며 웅웅거리는 사이 등경돌이 눈앞에 들어왔다. 행여나 등경돌에 손을 댔으면 어쩌지 하는 걱정이 태산 같았는데 불행인지 다행인지 신성을 품은 바위기둥은 본모습 그대로였다. 원숭이 바위라는 이름표를 붙여놓지도 않았다. 물음표는 등경돌이 무사한 것을 확인한 뒤에야 밭은 숨을 몰아쉬었다. 그다지 험한 것도 아니고 오랜 시간이 걸리는 거리도 아닌데 부리나케 오르느라 과부하가 걸렸던 허벅지가 뻐근했다. 등경돌 아래 털썩 주저앉았다. 일출봉의 산자락 밑으로 성산리의 해변과 멀리 우도까지 한눈에 들어왔다. 일출봉을 처음 찾았던 날부터 지금까지 몇 차례나 올랐을까 손꼽으며 과거와 달라진 풍경을 견주어봤다. 하루가 다르게 일출봉 아래 있는 모든 것에 시멘트가 쏟아지며 회색의 세상으로 뒤바뀌었다. 하지만 여전히 본연의 색을 잃지 않는 것이 있었다. 밀물과 썰물이 비췻빛 수를 놓는 망망한 바다였다. 물음표는 여전한 바다의 본색을 확인하고는 무릎을 쳤다.

"설문대할망이 이 바위 곁에 앉아 길쌈을 했다고도 하고, 바느질을 했다고도 하는데, 밀물의 씨줄, 썰물의 날줄로 바다라는 비단을 짠 건 아닐까?"

내심 그럴싸하다는 생각이 들었다. 어디 바다뿐일까? 세상 모든 것을 창조의 물레와 베틀로 자아냈는데. 물레와 베틀이라. 물음표의 생각은 세상 곳곳에 퍼져 있는 신화 속의 여신과 그들의 직조로 이어졌다. 여신의 직조에는 과연 어떤 뜻이 숨겨져 있을까?

물음표의 호출에 연오랑과 세오녀가 화답했다. 일연 스님이 저술한 《삼국유사》에 연오랑과 세오녀의 사연이 나온다. 이들은 신라 시대의 인물들로 바닷가마을에서 고기잡이로 연명하던 평범한 부부였다. 여느 날처럼 갯가에 나와 해루질을 하던 연오랑은 평평한 너럭바위 위에 닥지닥지 붙은 조개를 발견하고 횡재다 싶어 열심히 따기 시작했다. 어찌나 열중했던지 바위가 움직이는 놀라운 일이 벌어진 것조차 모르고 있었다. 그렇게 한참을 조개 따기에 열을 올리다 잠깐 허리를 폈는데 바위는 멀리 떠나온 뒤였다. 도리 없이 바다를 표류하는 신세가 된 연오랑은 모든 것을 포기하고 털썩 주저앉아 바위의 항해에 운명을 걸었다. 연오랑을 태운 바위는 끝도 없는 항해를 거듭해 일찍이 본 적 없는 해안가에서 멈춰 섰다. 연오랑은 저승 문턱 코앞에서 살아난 것에 감사하며 낯선 땅에 발을 디뎠다.

한편 고향마을 바닷가는 행방이 묘연한 연오랑을 찾아 헤매는 세오녀의 흐느낌으로 먹장구름이 걷히지 않았다. 살았는지 죽었는지조차 알 수 없는 낭군의 증발사건에 세오녀는 조개를 따러 간다던 연오랑의 마지막 말에 실낱같은 희망을 품은 채 미친 사람처럼 바닷가를 헤매었다. 평소에 자주 다녔던 바닷가부터 먼 곳까지 속속들이 찾았지만 연오랑의 그림자조차 발견하지 못했다. 낙심한 세오녀는 일렁이는 파도가 부딪치는 갯바위 위에 올라서서 허망한 눈빛으로 먼바다를 바라보았다. 그런데 웬걸. 평평한 바위가 배처럼 움직이는 것이 아닌가. 놀랍게도 세오녀가 연오랑을 태우고 일본까지 항해했던 그 바위에 올라선 것이었다. 바위는 연오랑을 싣고 물살을 갈랐던 그날처럼 세오녀를 태우고 일본까지 항해했다. 기적적인 재회가 이루어진 것이다.

재회의 기쁨으로 연오랑과 세오녀가 감격에 빠진 사이 그들이 떠나온 신라 땅에는 전에 없이 크나큰 재앙이 일어났다. 어느 날

갑자기 해와 달이 빛을 잃더니 영영 사라지고 만 것이다. 엄청난 사건에 백성들은 세상이 망할 것이라며 크게 동요했다. 신라 왕 아달라의 명에 조정 대신들은 재앙의 원인과 해결책을 찾아 백방으로 뛰어다녔다. 그러던 차에 아달라왕은 연오랑과 세오녀가 바위를 타고 일본으로 건너갔다는 이야기와 그 사건으로 인해 해와 달이 사라졌다는 말을 듣게 된다. 유일한 해결책은 연오랑과 세오녀가 신라로 돌아오는 것임을 깨달은 아달라왕은 일본으로 사신을 보내 두 사람을 데려오기로 작정한다. 왕명을 받은 사신은 일본으로 건너가 연오랑과 세오녀의 행방을 찾았다. 마침내 연오랑과 세오녀를 찾아낸 사신이 신라의 사정을 알리며 돌아가자고 청했지만 돌아오는 대답은 거절이었다. 두 남녀가 바위를 타고 바다를 건너온 것을 본 사람들이 상서롭게 여겨 연오랑과 세오녀를 그 지역의 왕으로 모셨기 때문이었다. 왕과 왕비가 된 이상 이곳을 떠날 수 없다는 대답에 어깨가 축 늘어진 사신에게 연오랑이 한마디 건넸다.

"세오녀가 짠 고운 천을 줄 테니 그것을 가지고 돌아가시오. 그러면 재앙이 사라질 것이오."

다른 방도가 없었던 사신은 두 사람의 옷가지를 들고 신라로 돌아왔다. 아달라왕이 세오녀의 천을 제단에 올리고 하늘에 제사를 지내니 사라졌던 해와 달의 광명이 되살아났다.

"설문대할망도 세오녀처럼 해와 달을 이 섬으로 끌어당겨 밤낮의 시간을 만든 건 아닐까?"

물음표의 머릿속에는 세오녀뿐만 아니라 물레와 베틀로 세상의 시간과 공간을 만들었던 수많은 신이 줄줄이 자리 잡고 있었다. 그들 모두 직조를 통해 해와 달과 대자연을 만들었다. 직녀의 원형을 간직한 중국 신화 속의 마두낭이며 이집트의 누트, 북유럽의 프리그 등 수많은 신이 한결같이 물레와 베틀에 자신의 권능을 담았다. 곰곰이 따져보니 설문대의 직조도 등경돌 하나에만 그치지 않는다는 생각이 들었다. 하필이면 치마폭으로 흙을 퍼 날랐으며 여기저기 자리를 옮기며 마땅한 빨래터를 찾아 옷가지를 빨았다. 옷이며 치마란 것이 직조의 산물 아닌가. 물레로 실을 잣고 베틀로 천을 짜는 것이 일차적인 창조행위였다면 빨래와 바느질은 거듭된 창조행위인 셈이다. 물음표는 설문대는 물론 이 세상의 모든 창조여신은 직조의 권능을 지닌 직녀라는 것으로 궁리를 갈무리하고 등경돌 밑둥치에서 일어섰다.

청산은 본래 섬이었으니

직조와 직녀라는 실마리 하나를 얻은 뒤의 마음이 그런대로 홀가분했는지 일출봉을 둘러싼 주위의 절경이 제대로 눈에 들어왔다.

"한 세기 전까지 뭍과는 동떨어진 섬이었던 시절의 일출봉은 더욱 아름다웠겠지. 섬은 뭍이 되고 말았어. 이름도 '청산'에서 일출봉으로 바뀌었으니 무람하기 그지없는 인간의 창조력(?)이 설문대할망을 압도하는 지경에 이르렀구나."

그랬다. 불과 한 세기 전까지도 섬이었던 일출봉의 비경에 매료되어 연꽃에 비유했던 문장가가 있었다. 조선의 시인 임제다. 그는 제주 목사인 아버지에게 자신의 과거급제 소식을 알리러 제주에 온 차에 일출봉을 오른 뒤 이런 글을 남겼다.

"성산도(城山島)라는 곳에 도착하였는데, 그곳은 마치 한 송이 푸른 연꽃이 파도 사이에 꽂혀 솟아오른 듯했다."

임제의 심장을 요동치게 만들었던 청산은 어쩌다 뭍이 되었을까? 정확히 말하면 청산은 육계도(陸繫島)였다. 4·3학살지 중 한 곳인 터진목에서 광치기로 이어지는 곳이 썰물이 일면 걸어서 청산과 본섬을 오갈 수 있는 곳이었다. 이곳이 일제강점기에 매립되어 지금은 자동차가 달리는 도로로 변했다. 그 반대편으로는 오조리와 청산을 잇는 성산갑문이 20세기 후반에 생겨났다. 그 때문에 오조리 바다는 갑문에 막혀 바닷물도 민물도 아닌 어정쩡한 호수가 되었다. 아이러니하게도 설문대는 육지까지 다리를 놓지 않았지만 우리 인간은 청산과 본섬 사이를 잇는 다리를 놓았다. 이만하면 자연을 정복했다는 오만에 빠질 만도 하다.

물음표는 이 주변 마을들을 돌아다니면서 섬이었던 시절을 기억하며 청산의 품에 기대어 살아온 이력을 말하는 이들을 여럿 만나왔다. 골골이 파인 주름이 파도를 닮은 은퇴 해녀 할머니는 청산의 분화구를 '토상안'이라고 부르고 있었다. 토성(土城)의 안쪽이라는 뜻인데 삼별초와 관련된 이름이다. 삼별초 항쟁 당시 우두머리였던 김통정이 이곳에 진을 치고 설문대할망의 등경돌에 올라서서 적경을 살폈다는 이야기도 들었는데 그의 발자국이 바위에 찍혀 있다는 전설이었다.

소를 치며 농사를 짓던 이들의 기억 속 토상안은 겨울철 청산 일대에서 기르는 소들의 월동 방목지였다. 1980년대 초까지도 수백 마리의 소들이 이곳에서 겨울을 났다. 지금은 일출봉 등반로의 하산길이 그 옛날 소 떼가 오르던 길이라고 한다. 겨울이 지나고 날이 따뜻해지면 토상안에는 '새'라고 부르는 띠풀이 무성하게 자라났다. 벼를 재배하기 어려운 제주에선 초가의 지붕을 정비할 때 새를 이용했기에 이 풀을 기르는 '새왓'을 따로 둘 정도였다. 청산에 기대어 살던 사람들에게 토상안은 천연의 새왓이었으니 시시때때로 새를 베러 오르내리는 발길이 잦았다고 한다.

언젠가 물음표가 일출봉 근처에서 자란 제 또래의 사람들과 이런저런 이야기를 나눈 적이 있었다.

"80년대 초까지 일출봉 분화구에서 소를 쳤다면서요?"

"어디서 헛소문 들으셨네. 거기까지 어떻게 소가 올라갑니까."

근처 마을 청년회장이라는 이의 손사래에 여럿이 맞장구를 치며 물음표를 나무라는데 잠자코 있던 한 사람이 나직이 한마디했다.

"소가 사람보다 잘 올라가. 나 어릴 때 우리 소도 겨울을 거기서 지냈어."

그것으로 말끔한 결론이 났다. 물음표는 자신이 맞았다는 것을 확인했지만 기분이 좋진 않았다. 일출봉에 기대어 살아온 사람들에게도 과거의 이력은 잊힌 역사의 뒤안길로 접어든 풍경이 눈앞에서 펼쳐졌으므로.

히말라야의 야크처럼 가파른 비탈을 올랐을 소 떼를 상상하는

오조리 내수면과 성산일출봉

사이 햇귀가 반 토막 났는지 따뜻하던 바람결이 소슬바람으로 변신했다. 물음표는 설문대할망과 설문대하르방이 물고기잡이를 했다는 일출봉과 우도를 가르는 바다가 펼쳐진 오정개까지 다다랐다. 오정개 해녀탈의장 앞에 널린 우뭇가사리를 주워 담는 해녀 할머니가 계셨다. 일손을 거드는 척하며 인사를 건넸더니 스스럼없이 받아주셨다. 이때다 싶어 일출봉의 물질에 대해 질문을 던졌더니 여느 해설사도 풀지 못할 이야기가 쏟아졌다.

청산은 바다 밭으로도 매우 유용했단다. 현재 해녀의 집이 자리한 청산 밑자락 우뭇개와 우뭇개동산 건너편의 오정개 바닷가까지 곰들래기, 옷덕, 용촐리, 창꼼 등 수많은 갯바위가 수면 위아래로 진을 치고 있어서 금싸라기 같은 바다 밭 구실을 톡톡히 했다고 한다. 사시사철 물때를 맞춰 목숨 건 물질에 나섰던 이 마을 해녀들에게는 모르는 이가 처음 들으면 혀를 내두를 엄청난 이력도 있었다. 이른바 '섬바르' 또는 '선바르'라고 부르는 물질인데 그것은 우뭇개를 지나 청산의 바다 쪽 벼랑을 타고 넘는 위험천만한 일이었다. 가파른 절벽을 타고 성산굴을 지나야 닿는 섬바르 물질은 돌아오는 길이 더욱 고역이었다. 수확물로 그득한 망사리는 보통 30~40kg은 될 텐데 그것을 등에 지고 절벽을 탔다니 놀라운 일 아닌가.

만고풍상을 깊은 주름에 새긴 해녀는 섬바르 물질을 하던 곳이 새끼청산이었다고 말했다. '새끼청산'이라는 이름은 청산에 딸린 바위섬이기에 붙여진 듯했다. 물음표는 새끼청산이 궁금해졌다. 일출봉의 바다 쪽 끄트머리 앞에 코뿔소의 뿔처럼 뾰족하게 솟아오른 바위섬을 새끼청산이라고 부른다는 걸 알아냈으니 만성화된 궁금증이 물음표를 그냥 놔둘 리 만무했다.

"아마도 설문대할망의 치맛자락에서 떨어진 흙 부스러기겠지. 아니 근데 새끼청산에 물개가 살았었다고? 제주 바다에 물개가 있었다니."

새끼청산을 드나들던 수십 년 전까지 이곳은 물개들의 천국이었다고 한다. 어떤 이들은 물개가 아니라 강치라고도 하는데 어찌 되었든 그 많던 물짐승들이 기후변화와 환경오염으로 영영 자취를 감추고 말았다. 무시로 이 바다에서 자맥질하던 돌고래도 더는 만나지 못한다고 한다. 해녀 할머니의 말대로 새끼청산의 주인이 사라진 바다엔 광치기해변의 만곡만 남아있었다.

"창조주 설문대는 이 섬을 만들 때 모두가 공생하는 만생명의 고향을 떠올렸을 테다. 모든 생명이 창조주의 뜻을 잊지 않고 서로에게 기대어 살아왔지만 우리 인간만 어느 순간부터 샛길로 빠졌겠지. 저만 잘살려고 말이야."

어느덧 물음표는 섭지코지를 장악한 리조트 코앞까지 다다랐다. 그는 환락의 휴양지를 애써 외면하며 고래도 물개도 사라진 새끼 청산을 바라보았다. 그리고 고래와 물개의 깊은 잠을 떠올렸다. 원래 뭍짐승인 포유류였던 고래와 물개는 바다살이를 하는 쪽으로 진화했지만 여전히 허파로 숨을 쉰댔다. 수중에서 잠이 들어도 좌뇌와 우뇌 중 하나는 늘 깨어있다고. 호흡이 달릴 때 수면 위로 올라와 숨을 들이켜야 한다. 그렇지 않으면 잠든 채로 목숨이 끊어지기 때문이다.

물음표는 고래와 물개의 반쪽 잠을 달리 풀이했다. 먼 옛날 창조주의 섬에서 태어나 바다로 떠나갔지만 두고 온 고향을 잊지 않으려고 늘 깨어있는 것이라고. 고래와 물개는 만생명이 함께 공생하라는 여신의 뜻을 여전히 간직한 채 섬을 향해 숨비소리를 내고 있는데 인간만은 눈을 떠도 잠든 영혼인 불쌍한 존재라고.

물음표는 다시 여신이 행한 직조에 담긴 뜻을 탐문하며 모래밭에 발 도장을 찍기 시작했다. 생명의 발원지가 궁금해 고향을 찾아 머나먼 여행을 하는 물고기처럼.

산이 바다에 있다 하여

연초록 물감을 개어놓은 비췻빛 해변에 홀려 듬성듬성 서 있는 여행자들과는 다른 팔자였다. 물음표는 하늘을 찌를 듯이 치솟은 거대한 바람개비들을 좌표 삼아 전설을 쫓았다. 그의 눈은 잠깐이라도 멈추라는 신호를 보냈지만, 발의 생각은 달랐는지 여러 차례 디뎠던 바닷길을 능숙하게 디뎌갔다. 물음표의 발은 김녕과 월정 사이 '덩개빌레'를 향하고 있었다.

덩개빌레는 널따랗게 펼쳐진 용암대지였다. 수만 년 전 뜨겁게 타올랐던 한라산의 마그마가 바다를 그리워하여 마침내 다다른 곳이 덩개빌레다. 마당처럼 펼쳐진 너럭바위 틈바구니에 드문드문 조수 웅덩이들이 포진했다. 작은 것은 대야만 하고 큰 것은 원형풀

장처럼 너르닥해 물놀이에도 제격이었다.

물음표는 김녕 마을 사람들로부터 이곳에 거대한 산이 있다는 말을 들었다. 항상 물속에 잠겨 있어서 시시때때로 물때를 잘 맞춰야 잠깐 드러난 봉우리를 볼 수 있다는 전설의 산이었다. 무시로 드나들면 언제고 볼 수 있으리라 작정하고 틈틈이 덩개빌레를 찾아가 바다만 가늠하며 무장승처럼 굳어버리곤 했다. 인적 드문 바닷가에는 이따금 자전거를 타고 울퉁불퉁한 빌레를 능숙하게 달리는 마을 노인이 찾아들 뿐 여행자들도 뜸했다. 호루라기를 목에 맨 노인은 이 바다를 자주 찾는 물음표의 정체가 도대체 뭔지 궁금했던 모양이다. 며칠째 썰물 때에 맞춰 나타나는 정체불명의 나그네가 의심스러워서 기어이 수사를 단행했다.

"어이, 자꾸 보이네. 김녕리에 새로 이사 왔나?"

"아닙니다. 두럭산 찾아왔습니다. 저기 맞죠?"

"두럭산!"

두럭산이란 말에 노인의 눈빛이 형형히 밝아졌다. 짐짓 자전거를 받침대에 맡기고 좀 전과는 다른 사람처럼 반가운 표정으로 너스레를 떨었다.

"두럭산을 아네. 우리 동네 젊은이들도 잘 모르는데. 지금은 물때가 안 맞아서 보일락 말락 하네."

"그러네요. 지난번 잠수굿할 때 조사 왔다가 해녀들에게 들었습

김녕리 덩개빌레

니다. 전설이 너무 신통해서 볼 수 있을까 몇 번째 찾아왔는데 제대로 보이지 않네요."

김녕리는 동김녕과 서김녕 두 동네로 나뉜 마을이다. 해녀들도 동네마다 무리 짓고 있어서 용왕을 모시는 치성도 따로 치른다. 서김녕에서는 스님을 청해 용왕 기도를 하고 동김녕에서는 그 마을 토박이인 심방(무당)을 청해 잠수굿을 거하게 치러왔다. 물음표는 두 마을을 두루 다니며 용왕 기도와 잠수굿판에 종종 기웃거렸던 터라 얼굴이 익은 해녀들로부터 물질 이야기는 물론 마을의 전설들을 귀에 담을 수 있었다. 그 덕분에 이제는 토박이들에게도 아스라한 기억이 된 두럭산의 실체를 알게 되었다.

"두럭산은 물때를 잘 맞춰야 볼 수 있어. 그러니 신령한 산이지. 제주에 오름이 삼백예순 갠데, 산은 다섯 개라. 한라산, 산방산, 송악산, 영주산까지 네 개. 그리고 다섯 번째가 바로 두럭산이야. 그러니까 두럭산은 제주도 5대 산이지. 작다고 나무랄 데가 아니다 이 말이야."

지질학적으로야 산과 오름은 이름만 다를 뿐 기실 같은 것이라서 구별 짓는 것은 그저 말장난인데 두럭산이 오죽이나 영험했으면 저런 말이 생겨났을까. 알 만한 사람이라면 누구라도 코웃음 칠 말이었지만 물음표에겐 저 노인이야말로 진실을 말하는 사람으로 다가왔다.

"예전에 동네 아이들이 헤엄치다 두럭산에 올라간 적이 있어. 곧바로 난리가 났지. 삽시간에 돌풍이 불고 천둥까지 쳤다니까. 눈치빠른 해녀 몇 사람이 득달같이 달려와서 아이들을 내쫓았기에 망정이지."

"아, 전설이 사실 같네요."

"신통하다니까. 해녀들은 두럭산 근처에서 물질할 엄두도 안 낸다고."

노인은 재차 전설 속의 영산을 제대로 보려면 물때를 잘 맞춰야한다는 점을 강조한 뒤 자전거에 올랐다. 너럭바위들이 운동장처럼 펼쳐진 사이로 난 좁은 시멘트 길은 노인에게만 허락된 전용도로라는 듯 인적이 없었다.

두럭산에 깃든 전설

덩그러니 홀로 선 물음표를 반긴 건 두럭산의 전설이었다. 두럭산, 김녕 마을에 전해오는 해묵은 전설 속 두럭산은 몇 가지 사연을 품고 있었다. 첫 번째 이야기의 주인공은 역시나 이 섬의 창조주 설문대다. 제주섬을 창조한 설문대는 엄청난 역사(役事)를 홀로치른 탓에 몸을 감쌌던 옷이 낡고 더러워져서 종종 바느질을 하거나 빨래를 했다. 설문대의 빨래터는 제주섬 여러 곳에 있었는데 덩개빌레 바닷가의 두럭산은 빨랫감을 넣었던 바구니라고 한다.

두 번째 이야기는 설문대가 쌓아 올린 높다란 한라산에서 세상의 환란을 평정할 영웅이 태어나면 그가 탈 용마가 두럭산에서 솟아난다는 사연이다. 실제 두럭산은 그리 크지 않은 수중 암초지만 설문대는 이곳에 자신의 권능을 진득하게 달여 놓은 모양이다.

세 번째 이야기는 영등신과 잇닿는 이야기다. 영등신은 바람을 일으켜 기후를 조절하는 신이다. 제주에서는 음력 이월을 일러 영등달이라고 한다. 이월 초하루에 이르면 영등신이 따스한 봄바람을 일으켜 제주섬을 향한다. 영등대왕, 영등부인, 영등아미, 영등좌수, 영등이방, 영등형방, 영등별감, 영등우장 등 일일이 거명하기 어려울 만큼이나 많은 무리를 이루는 신이다. 이들은 한림 복덕개를 시작으로 우도 진질깍에 이르기까지 제주섬 곳곳을 두루 날아들며 봄의 씨앗을 뿌린다. 파종을 마치면 한라산 단골머리에서 꽃놀이를 즐긴 뒤 보름날 바다 건너 영등땅 또는 강남천자국이라고 불리는 자신의 영역으로 되돌아간다.

그런데 영등신이 수평선 너머 영등땅에서 제주섬을 향할 때 이정표로 삼는 것이 다름 아닌 두럭산이라는 사연이 김녕 마을에 전해오고 있다. 좀체 알려지지 않은 두럭산과 영등신의 전설에서는 심지어 제주섬에 첫발을 딛는 곳이 한림 복덕개가 아니라 두럭산이라고도 한다.

이처럼 세 가지나 되는 전설을 품은 바위라면 뭔가 달라도 다른

김녕리 덩개빌레의 두럭산

비범한 모습이어야 하는데 그저 그런 모습이라니. 그다지 크지도 않은데 어울리지 않게 이름마저 두럭산이다. 이렇게 평범해서야 쓰겠는가. 물음표는 조금이라도 비범한 구석을 찾아내려고 했지만 두럭산은 너무나 평범한 갯바위였다. 여신 설문대는 어쩌자고 이토록 보잘것없는 갯바위에 신비로운 전설을 새겨놓았을까? 드러나지 않는 뭔가가 있진 않을까?

보이지 않는 것이 말하는 것은

덩개빌레의 암반지대는 바다와 수평을 이뤄 탁 트인 풍경이 시원하기 그지없는데 물음표의 머릿속은 두럭산 때문에 뜨겁기만 했다.

"신화란 것은 얄궂어서 언제나 해석의 실마리를 쉽사리 주지 않는데 오늘도 그렇구나."

그 성스러운 이야기는 듣는 사람으로 하여금 제각각 자기만의 해답을 지니라고 가르쳐줄 뿐이란 걸 다시금 깨달았다. 동시에 세계적인 신화학자 레비스트로스가 말년에 남긴 경구가 떠올랐다.

"신화는 어떻게 해석해도 모두 정답이다."

이런 말을 남긴 석학이란 양반이 야속하고 얄미웠지만 정확한 지적이었다. 그의 레토릭대로 설문대가 보잘것없는 갯바위를 신성한 산으로 만든 이유를 찾는 것은 궁금한 자의 몫이었다. 물때를 잘 맞춰서 썰물이 이는 시간에 덩개빌레를 찾는다면 수면 위로 실체를 드러낸 두럭산의 진면목 앞에서 해답을 찾을 수 있으리란 망상을 안고 돌아섰다.

그 뒤로도 귀소본능에 이끌리듯 틈날 때마다 덩개빌레를 찾아들기 수차례, 물음표는 완연하진 않았지만 물 밖으로 불거져 나온 두럭산을 볼 수 있었다. 그러던 차에 놀랍게도 연거푸 이어진 이 미련한 반복 학습이 큰 깨달음을 선물해줬다. 낙숫물이 바위를 뚫는 격이었다. 물때를 맞추건 못 맞추건 보이건 안 보이건 두럭산은 언제나 거기 있는데. 물음표의 수첩에 글귀가 들어찼다.

"김녕 토박이들은 두럭산은 음력 3월 보름날이 오면 신비로운 자태를 가장 많이 드러낸다고 한다. 그래봤자 산이라고 부르기엔 턱없이 부족해서 막상 눈으로 보게 되면 실망할 사람들이 많을 법도 하다. 하지만 다시 생각해볼 일이다. 신화는 눈에 보이는 것과 보이지 않는 것을 가리지 않고 존재하는 모든 것에 신성을 부여한다. 눈으로 볼 수 없고 손으로 만질 수 없지만 세상에 존재하는 것도 셀 수 없이 많지 않은가. 어쩌면 설문대는 사람들로 하여금 그것을 깨닫게 하려고 작고 볼품없는 갯바위에 신성을 불어넣었는지도 모른다. 세상 모든 존재를 우러르고 함께 공생하라는 메시지야말로 설문대가 두럭산에 새겨놓은 신화의 속뜻은 아닐는지."

새삼 제주의 5대 명산을 말하던 노인의 혜안을 되새겼다. 갯바위 하나도 거대한 산으로 여기던 신화의 시대는 일찌감치 사라졌다. 하지만 마음의 눈으로 두럭산을 우러러온 김녕 토박이들은 예나 지금이나 변함없이 금기를 지킨다. 해녀 중 누구도 두럭산에 오르지 않으며 그 근처에서는 물질도 삼가는 금기를 철석같이 지킨다. 물음표는 다시 수첩 속에 어설픈 상자 하나를 그렸다. 물음표의 질문 상자가 아니었다. 사막여우의 부탁에 어린 왕자가 그려준 양이 숨겨진 상자다. 여우의 한마디를 덧붙였다.

"이건 아주 간단한 거야. 마음의 눈으로 볼 때 가장 잘 볼 수 있어. 중요한 것은 눈에 보이지 않아."

전설을 쫓아간 곳에선

"정말요?"

"진짜라니까. 내가 그때 태어나진 않았지만 어른들한테 귀가 닳
도록 들었다니까."

"설문대할망 덕분에 살아났다고요?"

"설문대할망인지 금백주할망인지 모르지만 아무튼 엄청나게 큰
할머니가 꿈에 현신하셔서 마을 사람들이 위기에서 벗어났대요.
금백주할망이라는 사람도 있고, 설문대할망이라는 사람도 있고."

선흘에 사는 아주머니께선 송당 마을이 고향이랬다. 그곳은 두
말이 필요 없는 신성의 발원지 중 가장 유명한 마을이었다. 제주의
마을이라면 으레 자신들의 수호신을 섬겨왔다. 하나의 마을 안에

도 여러 명의 신이 진을 치고서 각각 권능을 나눠 갖는데 아주머니의 고향 마을 송당리는 금백주라는 여신을 모신 곳으로 널리 알려진 곳이었다.

알려진 것뿐일까. 예로부터 제주 사람들은 마을마다 모시는 각기 다른 수호신들도 가문이 있다고 여겨왔다. 먼 옛날 최초로 신이 된 존재가 어느 마을의 수호신이 되고 또 다른 신과 혼인하여 자식을 낳아 다른 마을의 수호신으로 흩어지게 했다는 신화가 수두룩하다. 이 신화들이 뒤엉키며 각기 다른 신들을 하나의 가문으로 엮어놓았다. 덕분에 제주의 마을신들에게도 족보가 생겨났다. 아주머니의 고향 송당리는 제주도 각 마을에 터전을 만든 신들의 가문 중에서 가장 큰 집안이었다.

물음표는 송당 마을의 수호신을 모시는 본향당인 '백줏당'의 신화를 되짚었다. 개성 송악산 금모래 밭이라는 신성한 곳에서 스스로 태어난 여신이 금백주다. 금백주는 한라산에서 솟아난 소로소천국이 자신의 배필이라고 여겨 제주섬까지 찾아와 인연을 맺었다. 부부가 된 두 신은 많은 자식을 낳고 제주의 여러 마을로 흩어지게 해 제각각 터전 삼은 곳의 수호신으로 자리 잡게 했다. 이리하여 이들의 자손 128명이 수많은 마을의 본향당신이 되었다. 부부신은 큰 가문의 시조가 되었지만 삶의 방식이 서로 달라 결별하기에 이르렀다. 결국 남편 소로소천국은 송당리의 아랫마을 '알송당'의 수호신이 됐고 금백주는 윗마을인 '웃송당'의 신이 되었다.

여기까지가 널리 알려진 송당 마을 본향당이 간직한 신화의 줄거리였는데 물음표는 여러 해에 걸쳐 드나들던 끝에 또 다른 이야기를 들은 바 있다. 송당리에는 웃송당과 알송당 두 마을만 있었던 것이 아니라 '샛송당'이라고 불리던 가운데 동네가 있었다. 이 마을 역시 수호신이 있어서 그 이름이 '세명주'였다. 물음표가 알기로 설문대할망은 제주의 마을마다 각기 다른 이름으로 불려왔는데 세명주도 그 많은 이름 중 하나였다. 금백주가 소로소천국의 첫 번째 부인이며 세명주가 두 번째 부인이었다는 또 다른 신화의 사연은 선흘에서 만난 아주머니의 이야기와 묘하게 잇닿았다. 아주머니의 입에서 금백주, 세명주, 설문대가 연속적으로 나왔으니까.

"4·3 때 중산간 마을 사람들 엄청나게 죽었잖습니까. 한라산과 가까우니까 무장대와 내통한다면서 마을을 불태우고 죄 없는 사람들을 닥치는 대로 죽였잖아요. 송당리는 중산간 중에서도 제일 높은 곳인데 오죽했을까요. 그 시절 겪은 어른들 이야기를 듣다 보면 정말 끔찍합니다. 근데 내가 어렸을 때 들은 얘기 중에 정말 신기한 것이 있어요."

"신기한 거요?"

"4·3, 그 난리통에 송당리에도 토벌대가 들이닥치는 일이 터졌다죠. 토벌대는 보통 작전지역을 잘 아는 토박이를 길잡이 삼는데 송당리 토벌에는 그 마을 출신 경찰 한 사람을 점찍었대요."

"저런, 그 사람 입장에선 고향 마을 사람들 죽이러 가는 길이라 난감했겠네요."

"난감만 했을까요. 죽을 만큼 괴로웠겠지. 떠밀리듯이 길잡이로 나서는 심정이 오죽했겠어. 어디로든 도망치고 싶었겠지."

"맞네요. 거부했다간 되레 본인이 죽을 수도 있을 테니까."

"근데 그이가 황천길 가는 심정으로 길을 나서놓고는 어떻게든 막아야겠다 결심하고 머리를 썼어요. 이리 갔다 저리 갔다 하면서 뱅뱅 돌아가게 만든 거야."

"행군을 지체시켰군요."

"네, 행여나 그렇게 하면 지나던 누군가 토벌대를 발견하고 마을에 알릴까 싶었던 모양이에요. 아무튼 그러다 보니까 어스름 저녁이 됐어. 어두워지니까 지휘관이 야간에 무장대가 기습할지도 모른다고 생각해서 행군을 멈춘 거야. 그 자리에서 하룻밤 숙영하기로. 이튿날 해가 뜨면 행군을 재개하려고 했어요. 그때 신기한 일이 벌어진 겁니다."

"꿈을 꿨다는 게 그날 밤이었군요."

"네, 길잡이로 나선 경찰은 두려움이 깊어서 밤새 잠들지 못하고 뒤척거렸대요. 그러다 살짝 선잠에 빠졌는데 비몽사몽간에 희한한 광경을 보게 됐죠. 자신들이 숙영하는 길 한가운데 엄청나게 큰 할머니가 나타난 거야. 하얀 치마저고리를 입었는데 어찌나 키가 컸던지 머리가 하늘까지 닿는 할머니였대요. 할머니는 양팔을 옆으로 벌리고 있었는데 양손에 하얀 깃발이 들려 있었대. 놀라서 깨어보니 꿈이었지. 도대체 할머닌 누구며 무슨 일인가 싶었죠. 그렇게 뜬눈으로 밤을 새우고 다시 행군을 준비하는데 갑자기 들이닥친 전령이 작전이 변경됐다는 전갈을 들고 왔다지 뭡니까. 글쎄 철수 명령이 떨어진 거예요."

"아, 그래서 마을 사람들이 위기를 면했군요."

"네, 그 덕분에 살아난 사람들이 훗날 금백주할망 덕이다 세명주할망 덕이다 하며 앞다퉈 우리 마을 신령이 세다고 자랑하게 되었죠."

"어느 할머니였을까요?"

"그게 중요합니까. 어느 할망이면 어때요. 근데 송당리 본향당 금백주할망은 워낙 유명해서 모르는 사람이 없는데 세명주할망은 잘 모르더라고. 송당리에 세명주할망당도 있었고 새덕앚인밧이라고 그 할망이 솥을 앚혔던 바위도 남아있는데."

"새덕앚인밧?"

"예, 송당리 동쪽에 오봉이굴왓이라는 동네가 있는데 거기 가면 큰 바위 세 덩이가 아궁이 받침돌처럼 서 있습니다. 지금도 남아있을걸."

송당리 오봉이굴왓에 있었던 솥덕바위

　물음표는 그길로 송당 마을을 찾았다. 이곳저곳을 전전하며 새
덕앗인밧의 정체를 탐문했지만 아는 이가 없었다. 리사무소에서
도 별다른 수확을 얻지 못해서 포기하려던 차에 전 이장과 마주쳤
다. 물음표의 입에서 새덕앗인밧이라는 말이 새어 나오자 그이는
살짝 놀란 눈빛을 비치다 이내 진정시키고는 어디서 들었느냐며
손수 길잡이를 자청했다.

　경계심과 달리 상당히 친절한 전 이장이 인도한 곳은 마을 동쪽
오름길로 알려진 16번 국도변이었다. 도로의 배수로와 맞닿은 밭
가장자리에 멈춰선 전 이장이 눈길로 지목한 곳엔 대형세탁기 크
기의 바위 서넛이 흙더미 위에 나뒹굴고 있었다. 전 이장은 멋쩍은

표정으로 말을 이어갔다. 그에 따르면 애초부터 이 바위들이 이런 모습은 아니랬다. 커다란 바위 셋이 삼각의 대열로 곧추 서 있어서 커다란 솥을 앉히기에 안성맞춤이었다고 한다. 그런데 몇 해 전 도로공사를 하던 와중에 바위의 내력을 모르는 이들이 훼손한 것을 여태까지 손대지 못하고 있었다는 것이다.

물음표는 비로소 그이가 내비친 경계심의 이유를 알아차렸다. 설문대의 권능이 담긴 성물이 방치되었다는 게 마음에 걸렸던 모양이었다. 가뜩이나 마을 안에도 이 전설을 아는 이가 드문데 외방에서 낯선 사람이 찾아왔으니 마음 착한 양반은 그 짧은 시간에도 큰 고민에 빠질 수밖에.

친절한 전 이장은 조만간 새덕앗인밧을 복원할 계획이라는 말을 남기고 돌아섰다. 혼자 남은 물음표는 한참 동안 나뒹구는 바위를 하나하나 매만졌다. 설문대할망이 솥을 앉혀 불을 지폈던 온기가 남아있을 리 만무했지만 안쓰러운 마음이 그리하라 시키는 것 같았다. 한참 동안 바위의 온기를 더듬던 물음표는 새덕앗인밧을 설문대루트 리스트에 꼼꼼히 기록하고 되돌아섰다.

설문대와 솥덕바위

몇 달이 지났다. 물음표는 송당리 근방을 지나다 새덕앗인밧이 떠올라 다시 볼 생각으로 방향을 돌렸다. 그런데 웬걸. 물음표가 다시 찾아간 오봉이굴왓에 있어야 할 설문대의 바위 셋이 감쪽같이 사라지고 없었다. 복원한다고 약속했는데 아예 없애버리다니. 화들짝 놀란 물음표는 그길로 리사무소를 향했다. 몹시 흥분한 채 마을 안길을 부리나케 지나던 물음표의 눈에 전에 없던 풍경이 포착되었다. 마을 안 사거리에 안내판이 서 있었는데 '설문대할망 솥덕 바위'라는 타이틀이 새겨져 있었다.

"복원이라는 게 혹시 이곳으로 옮겨서….."

아닌 게 아니라 복원을 말했던 전 이장의 약속이 실현되어 있었다. 새덕앗인밧의 솥덕 바위들을 마을 안 사거리로 자리를 옮겨 복원한 것이었다. 아마도 본래 있었던 자리가 사유지여서 부득불 옮길 수밖에 없었나 보다. 마을의 성물을 제대로 모시지 못했었다는 반성의 마음이 깃들어 있어서 정성을 느낄 수 있었다. 하지만 또 다른 아쉬움도 그 못지않게 솟아올랐다. 하필이면 복원을 해놓은 장소가 마을의 클린하우스와 나란히 붙어 앉은 소공원이었다. 마땅한 부지를 고르고 고른 끝에 선택했으리란 생각이 들긴 했다. 하지만 속사정을 모르는 이들은 쓰레기장 곁에 부엌이 있는 셈이라고 새된 소리를 쏟아낼 만한 모양새였다.

물음표는 이나마도 어딘가 하고 마음을 진정시키며 안내문을 읽어내려갔다. 주민들의 정성이 함께 새겨져 있었지만 오타와 비문이 뒤죽박죽 섞인 문장도 을씨년스런 자리만큼이나 안타까울 수밖

자리를 옮겨 복원한 송당리 솥덕바위

에. 아쉬움을 뒤로 물리고 도대체 설문대는 무슨 이유로 제주섬 곳곳에 화덕을 만들어 커다란 솥을 걸고 불을 지폈을까에 대해 다시 헤아렸다.

"설문대할망과 솥이란 단어를 나란히 놓으면 오백 명의 아들을 위해 죽을 쑤다가 빠져 죽었다는 슬픈 전설 속으로 빠져드는 이들이 많다. 또 어떤 이는 한라산이 용암을 토해내던 시절을 반영한 전설이며 커다란 무쇠솥이야말로 마그마가 철철 넘치는 분화구라고 그럴듯하게 말하기도 한다. 나는 이쪽도 저쪽도 아니다. 그렇다고 내 나름의 해답도 없다. 옛사람들은 어떤 의도로 화덕의 받침돌인 솥덕을 이 바위들에게 덧씌웠을까?"

물음표는 자신이 무던히도 쳇바퀴를 돌리는 다람쥐 아닌가 싶어 쓴웃음을 지었다. 한두 군데가 아닌 설문대할망의 솥덕 바위는 실마리를 못 찾는 엉킨 실타래였으니 같은 질문이 끊임없이 되풀이되고 있잖은가. 이곳 말고도 물음표를 기다리는 솥덕 바위가 여럿 남았으니 언젠가 엉뚱한 데서 해답 하나라도 건지겠지. 이처럼 물음표에게 질문은 야무지게 발목을 휘어잡는 족쇄이면서 한편으론 갈 길을 찾는 나침반 노릇을 하고 있었다.

여신께서 밤사이
바다를 메우시니

섬 동녘 끝 전설의 모래톱을 찾아서

설문대할망의 진면목을 찾겠노라며 섬을 감돌아드는 물음표의 행려병은 이상한 습관 하나를 만들어냈다. 어느 날부턴가 물음표의 입에서 이상한 이름들이 줄줄이 주문처럼 새어 나왔으니 말이다.

"설문대, 선문대, 설멩지, 설명주, 세명주, 세명뒤, 설만뒤, 설만두…."

출석부를 호명하는 선생님처럼 줄줄이 나오는 이름들은 애오라지 설문대할망 하나였다. 이렇게 여신의 이름을 헤아리다 보면 끝도 없이 쏟아져 나와 누가 보면 정신이 반쯤 나간 놈이라고 눈을 흘길 만도 했다. 물음표의 친구 중에 책이라면 자다가도 벌떡 일어나는 독서중독증 환자가 있었는데 그 녀석이 이런 말을 뱉었다.

"야, 설문대에 대한 책이나 논문들 읽어보니까 설문대와 세명주는 다른 존재다. 아니다. 같은 존잰데 동네마다 부르는 이름이 다를 뿐이다. 이러면서 학자들끼리 논쟁하던데? 어느 게 맞는 거냐?"

물음표는 논리를 따지기 좋아하는 이 간서치에게 선문답 같은 대답을 던지며 뒤이어질 질문을 미리 차단했다.

"하나이며 여럿이고 여럿이고 하나이며, 하늘만큼 크면서 모래알처럼 작고, 드러나 보이면서 동시에 보이지 않는 여신이야. 그러니 제주섬이라는 우주의 모든 곳에 제각각인 모습으로 임재해 계신 거겠지."

"너, 지금 선문답하니? 네가 도사야?"

"내가 볼 때 모든 신은 이름도 생김새도 제각각이지만 그건 드러나는 모습일 뿐이라는 말이야."

"뭔 소린지 하나도 못 알아듣겠는데."

"그러게. 내가 말해놓고도 정작 나도 헷갈린다."

"그러니 물음표지. 에라. 발이 닳도록 떠돌아다녀라."

누가 동의를 하든 어깃장을 놓든 물음표는 저 많은 이름과 섬 곳곳에 퍼져 있는 여신의 사연, 그것을 품고 있는 전설지들이 창조라는 태초의 위업으로 수렴될 수 있다고 믿었다. 하여 오늘은 섬의 동녘 끝 마을 표선리로 좌표를 잡고 신발 끈을 여몄다.

표선리는 '저바당한집'이라는 본향당신을 주신(主神)으로 섬기는 바닷가마을이었다. 이 마을에는 저바당한집의 부인이라는 여신이 따로 있어서 어부와 해녀들을 보살핀다는데 그 이름이 '당캐할망'이었다. 바닷가마을 표선리 포구의 당캐 곁에 신당이 있어서 당캐할망이라고 불리는데 또 다른 이름이 바로 세명주였다. 세명주라면 설문대의 다른 이름인데 이 할망의 내력은 과연 어떨까? 물음표는 책을 뒤지고 마을 노인들을 만나면서 설문대의 알리바이를 추적해 또박또박 정리했다.

"썰물이 일면 유난히도 희고 고운 모래톱 500미터 넘게 아득히

표선리 당캐할망당

펼쳐지는 표선해수욕장, 토명(土名)으로 흰모살개라고 불리던 이 모래밭은 먼 옛날 깊은 바다였다고 한다. 마을 깊숙한 곳까지 바닷물이 밀려드는 물굽이여서 어쩌다 태풍이라도 들이닥치면 큰 해일이 일어 배가 휩쓸려가고 온 마을이 온통 물바다가 되기 일쑤였다. 잊을 만하면 터지는 큰 수해 탓에 고생이 극심하던 이 마을 사람들은 본향당신은 물론 자신들이 알고 있는 모든 신께 간절한 기도를 올렸다.

마침내 간절한 기원이 하늘에 닿았는지 세명주라고 불리는 여신이 감응했다. 인적 끊긴 어느 날 밤을 택했다. 세명주는 이 해변 동쪽 매오름 인근에 있는 숲의 모든 나무를 베어다 포구를 메우기 시작했다. 날이 새도록 바닷가에서 천둥벼락이 치는 소리가 끊임없이 들려오자 마을 사람들은 두려운 나머지 문밖으로 얼씬하지 못한 채 발만 동동 구르며 밤을 지새웠다. 우레같은 소리가 잦아들고 날이 밝자 그제야 안도의 한숨을 내쉬며 문을 열고 나온 마을 사람들은 더욱 크게 놀라 자빠지고 말았다. 집 안에 있는 도끼와 괭이 따위의 연장들이 모조리 날이 휘고 이가 빠진 채 엉망이 된 것 아닌가. 퍼렇게 서 있던 도끼날이며 괭이가 무뎌지다 못해 전부 찌그러져 있었다. 그뿐 아니었다. 외양간에 매어둔 소들은 모두 등가죽이 벗겨지거나 아예 터진 채 기진맥진한 몰골로 둔갑해 있었다.

이게 무슨 난리란 말인가! 여기저기서 놀란 사람들이 망가진 연장을 들고 몰려나와 난리도 큰 난리가 났다며 호들갑을 떨었다. 그 와중에 한 사람이 무심코 바다를 바라보고는 아예 질겁해 자빠지고 말았다. 코앞에 있던 바다가 사라지고 기나긴 모래톱이 넓게 펼쳐져 있었으니까. 세명주할망이 밤새 마을의 도끼와 괭이를 저절로 움직이게 해 나무를 베고 바다를 메운 것이다. 소의 등허리가 터진 것도 숲속의 보리장나무를 밤새 나른 때문이었다. 그때야 비로소 마을 사람들은 세명주할망께 크게 감사하며 당캐 포구 한쪽에 성소를 지어 바쳤다. 마을 사람들은 이곳을 신전으로 삼은 여신을 향해 당캐할망으로 부르기에 이르렀다.

이렇게 마을의 신성 중 하나로 자리 잡은 뒤 세월이 흐른 어느 날이었다. 이 마을에 행차한 나주 목사가 당캐할망당을 보고 무엇이냐고 물었다. 마을 사람들은 당캐할망을 모신 성소라며 하룻밤 사이에 바다를 메운 여신의 권능을 고해 올렸다. 나주 목사는 말도 안 되는 황당한 이야기라며 당캐할망의 권능이 그토록 대단하다면 기적을 보이라고 으름장을 놓았다. 권능을 내보이지 않으면 당을 허물어버리겠다는 협박에 마을 사람들로서는 제발 봐달라고 두 손 모아 비는 것 말곤 다른 도리가 없었다. 그런데 당캐할망의 귀에도 나주 목사의 으름장이 들렸나 보다. 때마침 짐을 가득 실은 배가 큰 파도에 떠밀려가고 있었다. 당캐할망은 보란 듯이 포구 쪽으로 바람이 일게 만들고는 배가 되돌아오게 했다. 이를 보고 겁에 질린

나주 목사는 당캐할망께 머리를 조아린 뒤 더는 해코지를 하지 않은 채 떠났다고 한다."

당캐할망과 설문대

물음표가 간추린 당캐할망의 사연은 한 권의 책에 소개된 내용과 마을 노인들의 짤막한 이야기들을 추려 맞춘 것이다. 하지만 마을 노인들의 입에서 나온 이야기란 것들이 너무 단편적이었다. 내용 대부분이 이미 돌아가신 분이 생전에 이야기한 것을 채록한 책 속의 사연이었다. 물음표의 그물에도 풍부한 이야기가 걸려들지 않았을뿐더러 학계에서도 이렇다 할 소득이 없어서 당캐할망이 설문대와 동일한 존재라는 입장과 그렇지 않다는 주장이 맞서고 있었다.

제주의 당이라면 그곳에 모신 신들의 사연을 담은 '본풀이'가 굿을 집전하는 사제인 '심방'의 입을 통해 전승된다. 그런데 책에 소개된 이야기는 마을 노인의 증언을 채록한 것이라서 입장이 엇갈리고 있었다. 심방이 풀어낸 이야기가 아니란 점을 백번 양보하더라도 또 다른 문제가 있었다. 학계에서는 한 사람만의 증언은 경우에 따라 지어낸 이야기일 수도 있어서 다른 누군가의 증언과 교차검증을 해야 하는데 누구도 당캐할망의 사연을 술술 풀어내는 사람이 없었다.

표선리 흰모살개

　구비문학이며 민속학을 연구하는 이들의 회의적인 태도와 달리 표선리 주민들은 당캐할망과 설문대를 하나의 존재로 여기고 있었다. 물음표는 그들의 믿음에 한 표를 던졌다. 육지까지 다리를 놓으려다 그만둔 에피소드며 오백 아들을 낳아 길렀다는 사연 등이 설문대와 일치했기 때문이다.

　당캐할망의 이야기에서 한 가지 특이한 점은 오백장군으로 불리는 수많은 아들을 위해 큰 솥에 죽을 끓이다가 잠시 자리를 비운 사이 막내아들이 죽솥에 빠져 죽었다는 사연이었다. 가장 널리 알려진 에피소드인 설문대 자신이 죽솥에 빠져 죽었다는 사연과 사뭇 다르지 않은가. 이는 설문대의 남편이 죽은 사연처럼 할망의 죽음과는 다른 이야기이기도 했다. 아무튼 막내아들이 죽자 당캐할망은 아들의 영혼을 소섬^(우도)의 신으로 보낸 뒤 자신은 표선리를 찾아와서 당캐할망으로 좌정했다고 한다.

대개 입에서 입으로 전해지는 이야기는 여러 이본^(異本)이 존재하는바, 어느 하나만을 원본으로 단정 지어선 안 되는 걸 물음표도 잘 알고 있었다. 교차검증이란 것이 이루어지지 않았다는 점에서 표선리 당캐할망이 설문대라고 단정할 수 없었다. 하지만 송당리 본향당 본풀이에 샛손당의 수호신으로 세명주가 등장하는 것을 볼 때 설문대로 볼 수도 있겠다는 생각이 들었다. 물음표는 눈을 흘기던 친구에게 건넸던 말을 되새김질했다.

"설문대는 하나야. 하나이며 여럿이고 여럿이며 하나인 할망이야. 제주의 옛사람들은 저마다 가슴속에 자신만의 설문대를 간직하고 있었어."

나는 바람으로 모든 세상을 ——————— 7.
잇는 다리를 놓으리라

세상의 시작이며 끝인 곳에서

하늘이 갰다. 수평선이 바다와 하늘을 위아래로 나누지 않았다면 끝없이 파란 무한의 공간이라고 착각할 만도 했다. 물음표는 바다를 향해 불거진 성벽 같은 바위 언덕을 천천히 타고 올랐다. 누가 다듬은 것처럼 반듯하게 각이 진 바위들이 거대한 돌무덤처럼 쌓여 있었다. 물음표는 체스판의 말처럼 바위무더기 위를 칸칸이 디뎠다.

언덕 끝의 높다란 바위 끝에 올라섰다. 물음표는 마치 바위의 정령에게 빙의된 듯 한참 동안 굳은 채 생각에 빠졌다. 생각이라기보다 의문투성이의 궁상이 도진 것이 적실했다. 이곳에 오르면 밀려 놓은 숙제가 한방에 풀릴 것 같아 뻔질나게 나들었지만 늘 그렇듯

도돌이표만 만나기 일쑤였다.

여신의 전설지 중에서도 단연 첫손에 꼽히는 이야기를 품은 엉장메코지, 그동안 물음표가 수백 번은 디뎠을 바위마다 발자국을 대신한 의문부호가 빼곡하게 박힌 듯했다. 여신께선 어찌하여 하고많은 곳 중에서 이곳을 택했을까? 다리 놓기는 왜 중단했을까? 단지 명주 치마를 얻지 못해서 다리를 선물하지 않은 것일까? 거친 갯바위와 용암의 포말 같은 몽돌이 드넓게 펼쳐진 조천리와 신흥리 사이의 바다 기슭에 이렇게 생뚱맞은 언덕은 또 뭐란 말인가? 사람이 쌓아놓은 요새처럼 단단한 엉장메코지는 어떤 해답도 알려주지 않은 채 요지부동 먼바다를 바라보고 있었다.

연륙의 미련이 남긴 흔적들

지리적 조건을 따져볼 때 제주는 망망한 바다 한가운데 홀로 솟은 고립무원의 섬이다. 머나먼 옛날 신화의 시대 어느 날 설문대가 섬을 탄생시키니 만생명이 모여들었다. 수많은 동식물 가운데 사람도 있었다. 모든 생명들은 넘쳐나지도 부족하지도 않은 완결된 우주였던 제주섬에 홀딱 반해 특유의 생태계를 만들어냈다. 시간이 흐르는 사이 섬사람들은 섬 바깥의 세상에 대한 궁금증을 키워갔다. 바다를 자유롭게 넘나드는 새와 물고기들로부터 전해 들은 바깥세상이 보고 싶어 미칠 지경에 이르자 그들의 창조주에게 청

엉장메코지 너머로 보이는 한라산

원했다.

"우리에겐 하늘로 날아오를 날개도 없고 파도를 가를 지느러미도 없습니다. 부디 바다 건너 세상과 이 섬을 잇는 다리를 놓아주소서."

섬사람들의 청원에 못 이긴 설문대할망은 해진 명주 속치마를 새것으로 바꿔주면 다리를 놓아주겠노라는 약속을 했다. 이에 섬사람들은 부지런히 누에를 치는 한편 온 섬의 명주를 있는 대로 끌어모으기 시작했다. 그 사이 여신께서도 섬 곳곳을 둘러보며 다리 놓기에 마땅한 장소를 찾아 구멍이 숭숭 뚫린 치마폭에 흙과 바위

를 주워 담았다. 섬 서쪽 바다에 기다란 둑을 쌓고는 다시 동쪽에
몇 곳을 점 찍어 같은 방식으로 다리를 놓을 터를 다졌다. 그러다
치마가 너무 닳아서 더는 못하기에 이르자 새 치마를 기다리며 일
손을 멈췄다.

한편 염원의 실현에 한껏 고무된 섬사람들은 자신들이 끌어모은
명주가 산더미처럼 쌓이자 드디어 치마를 만들기 시작했다. 하지
만 누구나 잘 아는 결말처럼 명주 한 통이 모자라 치마는 끝내 완
성되지 않았다. 명주 백 필이 한 통인데 무려 백 통이나 마련해야
거대한 여신의 치마를 만들 수 있었으니 불가능에 가까운 미션이

조천리와 신흥리 경계의 엉장메코지

었다. 결국 섬사람들의 꿈은 아흔아홉 통의 명주와 함께 물거품이
되고 말았다. 섬사람들은 여신과의 약속을 지키지 못했다. 설문대
또한 일손을 거두고 머리에 얹고 있던 족두리를 한천(漢川)의 너럭
바위 위에 남겨놓은 채 감쪽같이 종적을 감추고 말았다.

그리하여 섬사람들은 설문대가 다리를 놓다 만 흔적을 찾아다니
며 아흔아홉의 포한을 담은 전설을 넋두리처럼 노래하기에 이르렀
다. 설문대가 다리를 놓다 만 흔적은 한림읍 한수리 앞바다의 대
섬, 조천읍 신촌리의 대섬, 표선읍 표선리의 흰모살개 해변, 그리
고 가장 널리 알려진 조천읍 조천리의 엉장메코지라고 한다.

전설과 실재의 절묘한 결합

설문대할망이 다리를 놓다 그만뒀다는 흔적으로 남은 곳은 물음
표의 지도에도 울긋불긋한 색으로 표시되어 있었다. 그렇게 많은
곳 중에서 유독 엉장메코지가 물음표를 강하게 끌어당기는 데는
또 다른 이유가 작동하고 있었다. 놀랍게도 엉장메코지가 있는 조
천리 해안도로변의 바닷가가 제주에서 뭍과 직선거리로 가장 가까
운 곳이었기 때문이다. 해남 땅끝마을과의 거리가 83km인 관곶이
엉장메코지 곁에 있었는데 날씨가 맑을 때면 남해안의 섬이 훤히
보이는 곳이기도 했다. 관곶은 수중의 갯바위였다. 조선 시대 뭍을
오가는 관선을 비롯한 많은 배들이 제주로 들어올 때 이 바위를 보

고 격랑을 잘 헤쳐 왔다며 안도감을 느꼈다는 이야기가 전해온다.

전설이란 것이 본래 상상에 뿌리 박은 것이라 실상의 현실을 대입하면 감흥이 쪼그라들 수도 있지만 물음표에겐 오히려 더더욱 절묘하게 다가왔다. 물음표는 한껏 기지개를 켜고 숨을 고르며 수평선 너머 아득하게 펼쳐진 이름 모를 섬들의 행렬을 바라봤다.

"저 먼 곳에는 어떤 세상이 있을까? 옛사람들로선 알 수 없는 미지의 세계였겠지. 얼마나 가고 싶었으면 다리를 놓아달라고 했을까? 설문대할망이 야속하기도 했겠다."

원망스럽기 짝이 없는 설문대는 무슨 이유로 다리를 놓다 말았을까? 궁벽한 제주섬에서 명주 백 통을 만들어내는 일이 불가능하다는 건 누구보다 잘 알고 있었을 텐데.

아흔아홉에 담긴 여신의 메시지

설문대를 둘러싼 많은 이야기 중 가장 널리 알려진 다리 놓기의 사연은 제주라는 섬이 지닌 지리적 조건을 해설하는 설화였다. 널리 알려진 이야기이다 보니 이에 대한 해석도 오랫동안 이어져 왔다. 해석의 역사가 깊은 만큼 다양한 견해가 있으리라는 예상과 달리 천편일률적으로 그 귀결점은 이른바 '나인 콤플렉스' 단 하나였다. 100을 채우지 못해 99에 그친 것이 지리적으로 고립된 섬이라는 점과 정치적으로도 중앙의 속박을 받는 변방이라는 한계를 반영한 설화라고 해석하는 것이 나인 콤플렉스다. 이렇게 설문대의 다리 놓기 설화는 아흔아홉골의 전설과 짝을 이뤄 섬의 한계성을 부연하는 데 요긴하게 쓰여왔다.

설문대할망의 다리 놓기처럼 나인 콤플렉스를 담은 이야기가 또 있는데 한라산 골짜기에 얽힌 '아흔아홉골' 전설이었다. 한라산에는 깊고 얕은 계곡이 수두룩한데 특히 어리목 일대에 골짜기들이 많아서 예로부터 아흔아홉골이라고 불려왔다. 이 계곡에 담긴 전설도 여러 가지인데 물음표가 살펴본 바로는 '왕도 범도 못 난 섬'이라는 속담 같은 레토릭이 모든 것을 말하고 있었다.

이 중 한 이야기를 살펴보자. 애초에 한라산 골짜기 수가 백 곳에 달해서 호랑이를 비롯한 맹수들이 득시글대며 사람들에게 갖은 해코지를 벌이곤 했다고 한다. 섬사람들은 호랑이의 위협으로부터 벗어날 방도를 찾고 있었다. 때마침 중국에서 제주로 건너온 스님에게 청원을 올렸다. 이에 스님이 주문을 외며 호랑이를 비롯한 한라산의 맹수들을 한 골짜기로 모여들게 했다. 모든 맹수들이 모여들자 스님은 술법을 부려 그 골짜기를 아예 없애버렸다. 이로써 백 번째 골짜기와 함께 맹수들이 영영 사라지게 되었다. 그 뒤로 제주섬은 호랑이는 물론 왕이 될 영웅도 탄생하지 못하는 섬이 되었다.

또 다른 이야기에는 백 골짜기에서 하나가 부족한 아흔아홉골

정자가 들어선 엉장메코지의 현재 모습

이 된 이후에도 정기가 완전히 사라지지 않아서 왕이 태어날 명당한 곳이 가까스로 남아있었다고 한다. 문사랑이란 사람이 이 명당을 얻어 왕위에 오르려고 했다. 하지만 왕후지지에 부친의 묏자리를 쓴 사실이 발각되어 명당이 파헤쳐지는 수난을 당했다. 결국 왕이 되지 못했다. 그 뒤로 제주는 '왕도 범도 못 난 섬'이 되고 말았다.

물음표는 나인 콤플렉스를 이렇게 되짚었다.

"세상 어느 곳이든 그곳에 오랜 신화와 전설이 있다면 그것은 당연히 자신들의 터전이 우주의 중심이라고 여기는 주술적 세계관에 잇닿아 있다. 그들이 숭배하는 신이 세상을 창조했으며 그 중심이 자신들의 터전이라고 여기는 것은 신화가 지니는 공통적인 서사다. 그런데 우리는 왜 스스로 제주를 섬이라는 제한성과 변방이라는 한계에 가두려고 하는가? 물론 끊임없는 자연재해와 외세의 수탈과 학살에 수난당한 이력에 근거한 해석인 점에 대해서는 고개가 끄덕여진다. 하지만 99라는 숫자에만 사로잡혀 콤플렉스로만 해석하는 것이 온당할까?

달리 생각해 모든 창조신화가 우주의 중심을 노래하는 것과 설문대 설화를 견주면 어떻게 풀이될까? 설문대가 육지까지 다리를 놓지 않은 이야기는 자신이 창조한 섬이 세상의 중심이며 그 자체로 완결된 우주임을 선언했다는 메시지를 품고 있진 않을까? 신성의 상징인 족두리를 벗어놓고 사라질 정도로 자신의 모든 권능을 담은 이 섬을 있는 그대로 두라는 계시로 해석도 지나치지 않을 텐데. 여신은 자신의 권능을 제주섬의 대지며 온 생명에 이르는 자연 만물에 깃들게 했다. 권능을 모두 쏟아낸 섬을 영원히 지키라는 것이 여신의 뜻인 셈이다.

설문대 설화와는 다른 계통이지만 아흔아홉골의 전설도 마찬가지다. '왕도 범도 못 낳은 섬'이라는 레토릭 역시 콤플렉스가 아니라 차별과 갈등이 없는 상생의 자연관을 담아낸 이야기로 해석해도 무리가 없다. 결국 우리는 스스로 자신을 명주 아흔아홉으로 짠 콤플렉스의 그물에 가둬놓고서는 연륙의 꿈을 여전히 지우지 못하는 신세인 듯하다."

엉장메코지 끄트머리에 앉은 물음표는 왕과 같은 권력이 생겨나고 범과 같은 맹수가 생겨나고 뭍까지 다리가 놓이기를 기대하는 꿈을 접어야 할 때라는 걸 곱씹었다. 수천 년 동안 이 섬을 지켜온 모든 생명과 영원한 상생을 이어가라는 99의 메시지를 제대로 풀이한다면 우리는 이 섬을 파헤치고 깨부수는 파멸의 행진에서 방향을 바꿀 수 있겠다고.

사라진 홍릿물을
찾아서

8.

홍릿물은 어디로 갔나

물음표는 거대한 여신의 발자국을 보고 싶었다. 한천(漢川)의 하류 망망한 바다와 만나는 용의 연못에 있다는 이야기가 떠올랐다. 코흘리개 시절 바다가 보고 싶어서 한참을 걸어 찾아갔던 구름다리 출렁대던 계곡 사이의 깊은 물이다. 아무렴 어렵사리 물 위에 발자국을 새겼다고 한들 밀물져오는 바닷물과 뒤섞여 사라졌겠지. 그럼 어디일까?

한천의 용연보다 깊다는 산 너머의 홍릿물이 떠올랐다. 한달음에 전설의 홍릿물을 찾아 서귀포로 넘어갔지만 어디에도 없었다. 도시가 개발되고 도로와 건물들이 들어서는 사이 매립되고 말았다는 동네 노인의 말이 가장 큰 수확이었다. 노인은 눈으로 홍릿물의 지도를 그리는 듯 아득한 곳을 바라보며 하천 계곡으로 쏟아지던 물줄기의 이름들을 늘어놓았다. 다만 한 가지, 홍릿물만큼이나 성스럽게 여겨온 샘이 하나 남아있으니 거기라도 보고 가랬다. '꼬부랑 낭 아래 행깃물'이라고 일러주며. 야릇한 이름의 샘은 달리 '지장샘'이라 불리고 있었다.

'지장(智藏)', 지혜롭게 감춰놓았다는 이 샘에도 여신의 발자국은 없었다. 물음표는 결국 전설의 결말부를 떠올렸다. '창 터진 물'이라는 물장오리, 밑바닥이 아예 없어 한번 발을 디디면 영원히 빨려든다는 전설의 산정호수다. 지금은 입산을 금해 누구도 갈 수 없는 곳이 된 마당이다. 그나마 수십 년 전 영화를 만들겠다던 동네 형과 한겨울에 그곳에 올랐던 기억을 더듬을 수 있어서 다행이었다. 장편 4·3 영화를 마지막으로 완성한 뒤 숨을 거둔 그 형은 설문대의 발자국을 보았을까? 물음표를 물장오리 꼭대기까지 이끌던 그날 형은 설문대의 발자국을 영화로 만들 생각이라며 여러 차례 오르는 중이라고 말했었다. 그날의 공언대로 '설문대할망 죽솥에 빠져 죽다'라는 영화를 만든 형은 여신의 족적을 분명히 보았겠지. 그리고 물장오리의 심연 속으로 사라진 설문대의 뜻을 헤아렸으리라.

마지막 남은 홍릿물 지장샘의 사연

영영 사라져버린 홍릿물의 마지막 한 방울처럼 남아있는 '꼬부랑

서귀포시 서홍동의 지장샘

낭 아래 행깃물' 지장샘에는 설문대의 사연과 다른 이야기 하나가 전해온다. 역사 속의 실존 인물 호종단을 모델로 삼은 이야기다. 호종단은 송나라 복주(福州) 출신으로 고려 예종 때 귀화하여 15여 년 동안 관직에 머물렀던 인물이다. 제주의 설화 속에는 '고종달'이라는 이름으로 등장한다. 그는 제주섬에서 영웅이 태어나지 못하게 풍수상의 길지를 찾아다니며 산혈(山穴)과 수혈(水穴)의 정기를 끊는 단혈(斷穴) 행각을 벌였다. 설화의 실존 모델인 호종단도 실제로 도교의 압승술사(壓勝術師)로 지형이나 산세를 인공적으로 조정하는 비보풍수(裨補風水)와 사람을 저주하는 술법에 능한 인물이었다. 더욱이 《세종실록지리지》와 《신증동국여지승람》에 그가 제주에 내려와 땅을 진무(鎭撫)했다는 이야기가 기록되어 있어서 설화를 뒷받침한다.

이야기 속 고종달은 제주의 명산대천이 소상하게 쓰인 풍수지리서를 들고 곳곳에서 단혈을 벌이던 중에 지장샘까지 당도했다. 그런데 책 속의 지장샘은 눈을 씻고 찾아도 없었다. 마침 근처에서 일하던 농부에게 물었더니 그런 샘은 없다는 대답만 돌아왔다. 고종달은 할 수 없이 발길을 되돌려 다른 곳으로 떠나갔다. 고종달이 허탕을 친 배후에는 감춰진 사연이 있었다. 고종달이 올 것을 미리 알아차린 지장샘의 신령이 농부에게 자신을 숨겨달라고 청했고 이에 농부는 행기를 내밀었다. 행기란 나들이할 때 쓰는 놋그릇으로 일종의 도시락이다. 신령이 행기 속 한 사발 물로 변신하자 농부는 소의 길마 속에 감췄다. 알다시피 길마는 소의 등에 들어맞게 말발굽처럼 휘어진 나무다. 고종달의 지리서에는 꼬부랑 낭, 즉 구부러진 나무 아래 행깃물이라고 적혀 있었는데 신령이 길마 아래로 숨을 것조차 미리 예측한 신통한 책이었다. 하지만 농부의 지혜를 뛰어넘지는 못했던 모양이다. 한편 표선면 토산리의 '거슨새미'와 '노단새미' 등지에도 지장샘과 똑같은 이야기가 전해지고 있어서 꼬부랑 낭 아래 행깃물은 여러 곳이다.

설문대의 전설을 담은 홍릿물의 본래 모습은 급속한 개발로 인해 자취를 감췄고 전설을 품은 채 살아남은 지장샘의 수량도 예전처럼 풍부하지 않다. 서귀포가 시로 승격되기 전이었던 서귀읍 시절에는 사시사철 마르지 않고 철철 넘쳐나는 지장샘의 물을 끌어다 읍민들의 식수로 사용했다고 하는데 말이다. 오늘날 이중섭거리로 널리 알려진 곳에 지장샘의 물을 끌어온 뒤 저장하는 배수지가 있었는데 그곳조차 흔적 없이 사라지고 지금은 유명한 횟집이 들어서 있다.

설문대의 키 자랑이 말하는 것은

설화 속의 설문대는 자신의 거대한 육신을 무척이나 자랑스러워했다고 한다. 어느 날은 자신의 키가 얼마나 큰지 재보려고 제주섬에서 깊기로 둘째가라면 서럽다는 깊은 소를 찾아 차례로 몸을 담 갔다. 제일 먼저 찾은 곳은 영주십경 중 용연야범으로 유명한 제주 시 한천 끝자락의 용연이었다. 짙푸르다 못해 검은 그늘이 물속에 서 솟아오르는 듯한 용연에 발을 담갔더니 고작 발등까지만 물이 찼다. 기가 찼던지 한걸음에 한라산을 성큼 뛰어넘어 홍릿물에 들 어섰다. 용연보다는 더 깊었던지 무릎까지 물에 잠겼다. 마지막으 로 밑바닥이 아예 없어서 '창 터진 물'이라고 불리는 물장오리오름 의 산정호수에 들어섰는데 순식간에 빠져들더니 영영 사라져버렸 다고 한다.

서귀포시 이중섭거리의 서귀읍 배수지 옛터

용연, 지장샘, 물장오리로 이어지는 설문대의 키 자랑 설화를 단지 큰 키를 뽐내는 이야기로만 여기는 데서 그칠 것인가. 설화는 드러나는 이야기 속에 잠복한 메시지를 파악할 때 비로소 그것의 가치와 만나게 된다. 일본의 설화 속에는 다이다라봇치라는 거구의 신이 등장하는데 제주의 설문대와 비슷한 행적을 벌이며 후지산을 비롯한 대자연을 창조했다고 한다. 일본의 산하가 완성되었을 때 다이다라봇치가 산봉우리며 계곡마다 발을 디디며 걸었다. 그의 발자국마다 산정호수와 깊은 못이 생겨났다. 말하자면 이 또한 자연을 창조하는 행위인 셈이다.

다이다라봇치만이 아니라 세계 곳곳의 거인신들이 손가락으로 산과 대지에 구멍을 뚫자 호수가 생겨났다는 이야기들을 쉽게 찾을 수 있다. 설문대의 키 자랑을 이와 같은 맥락으로 볼 수는 없을까? 설문대가 창조한 산과 들이 육신이라면 홍릿물을 비롯한 제주의 샘과 산정호수며 지하수는 혈맥을 타고 흐르는 피라고 할 수 있겠다.

태초의 창조시대에 설문대는 그렇게 섬을 창조하고 그곳에 생명수를 솟구치게 했다. 그리하여 사람을 비롯한 만생명이 살게 되었다. 그들은 생명의 물을 여신의 축복으로 여기며 경배했다. 고종달이란 외세가 침입해 섬땅을 유린할 때도 섬에 붙박여 살아온 농투성이의 지혜로 생명수를 지켜냈다. 그러나 지금의 우리는 속수무 책으로 섬땅의 모든 것이 파괴되는 참상을 막아내지 못하는 형편이다. 지장샘을 지켜낸 농부는 어디로 사라졌는가?

사라진 건 홍릿물뿐인가

물음표는 지장샘을 놋그릇에 담은 농부가 그리웠다. 마음 같아선 이 섬을 통째로 놋그릇에 숨겨 무지막지한 개발이 불러일으킨 파괴의 마수가 뻗쳐오지 못하게 막고만 싶었다. 제주섬 어느 곳인들 난개발로 인한 생채기가 나지 않은 곳이 있는가. 그 옛날 넘쳐 흘러 섬을 빚어낸 용암조차도 상대가 되지 못할 엄청난 콘크리트의 쓰나미가 모든 곳을 뒤덮은 지 하루 이틀인가. 고종달의 지리서를 움켜쥔 무리를 막아낼 방법은 없는가? 궁리할수록 불가항력이라는 암울한 그림자만 짙어졌다.

메마른 것인지 아스팔트에 짓눌린 것인지 이제는 볼 수 없게 된 홍릿물 가까이 우두커니 서 있는 야자수 꼭대기에 까치가 깍깍대며 날아들었다. 물음표는 요란을 떨며 날개를 퍼덕거리는 저 까치에게 공연한 화풀이를 했다.

"시끄럽다. 그만 짖고 저리 꺼져! 여기가 너네 땅이야? 굴러온 돌이 박힌 돌 빼내고선 어디서 깍깍거려."

알아들을 리 만무했다. 야자수에 내려앉은 까치는 보란 듯이 더 세차게 극성을 떨었다.

"저것들이 진짜. 네놈들 때문에 까마귀가 사라졌잖아."

물음표는 돌멩이를 던지는 듯 헛손질까지 해대며 짜증을 부렸다. 근데 까마귀가 사라졌다는 건 무슨 말인가? 사실은 이러했다. 애초에 까치는 제주에 서식하던 새가 아닌데 1990년대 초반에 인공적으로 70여 마리를 방사한 일이 있었다. 국내 유수의 국제항공사가 제주 취항을 기념하며 '우리의 색동날개'라는 자신들의 로고인 까치를 한라산에 풀어놓은 것이 생태계 교란종이 되고 말았다. 그렇게 많던 제주의 까마귀들이 까치들에게 밀려나 한라산 높은 곳으로 서식처를 옮기고 말았다. 마치 70여 년 4·3 당시 토벌대에 토끼몰이 당해 산으로 산으로 쫓겨나 대학살을 당했던 제주사람들의 신세가 까치와 까마귀에게 고스란히 이어진 것이다.

사실 저 까치가 내려앉은 야자수도 비슷했다. 1960년대 중앙정부는 '동양의 하와이'라는 타이틀을 내걸고 제주도를 세계적인 관광지로 변신시키려는 개발계획을 세웠다. 그 일환으로 하와이처럼 보이려고 일본산 종려나무부터 미국산 워싱턴 야자수까지 수입해서 곳곳에 심어놓은 것이 번성해 오늘에 이르렀다. 제주의 마을 어귀는 물론 여염집까지 한 그루씩은 있었던 팽나무들이 야자수에 밀려 사라졌다.

영혼의 인도자라고 여기던 까마귀들이 한라산 높은 곳으로 밀려나고 마을의 수호신으로 섬기던 팽나무들이 뿌리째 뽑혀 특급호텔의 정원수로 전락한 꼴이 매립되어 사라진 홍릿물의 신세와 무엇이 다른가. 과거와 현재가 나란히 대칭을 이룬 데칼코마니와 맞닥뜨린 물음표가 당장 할 수 있는 건 악다구니를 쓰는 것 말곤 없었다.

맹렬히 쏘아붙이던 물음표는 이렇다 할 대꾸 한마디 없는 까치와 야자수의 태연한 모습에 풀이 죽고 말았다. 화가 꺾였다기보다 다른 생각이 든 것이었다.

"따지고 보면 쟤네 잘못은 아니잖아. 까치가 제 발로 제주에 들어온 건 아니잖아. 야자수는 오히려 불쌍하지. 인간의 손에 붙잡혀 기후도 맞지 않는 낯선 땅에 강제로 뿌리내리고 평생 보지 못했던 눈보라까지 맞으며 버티는데. 얘들아. 미안하다. 너희 잘못이 아니라 나 같은 인간의 잘못이다. 미안하다."

자연을 정복 대상으로만 보는 인간의 욕망이 홍릿물을 마르게 하고 까마귀를 산으로 내몰고 팽나무를 뿌리째 뽑아냈다. 자신들의 고향에서 강제로 이주당해 고난의 삶을 살게 된 까치와 야자수도 인간의 오만이 부른 참상이었으니 물음표가 할 수 있는 건 오로지 '미안해'였다.

공깃돌 바위에 스며든 여신의 지문

물음표는 다시 창세기를 소환했다. 하늘과 땅이 하나로 붙어 있
었던 혼돈의 태초, 홀연히 나타난 엄청난 거인이 하늘을 떠받치고
땅을 떠밀며 갈라놓았다. 틈이 크게 벌어지며 세상이 자리 잡을 공
간이 생겨났다. 세상을 만드는 일은 단숨에 이루어지지 않았다. 하
늘과 땅을 갈라놓는 빅뱅을 시작으로 해와 달과 뭇별이 생겨나는
단계로 이어졌다. 이렇게 우주가 만들어진 뒤에 비로소 대지와 만
물이 빚어졌으며, 그 뒤에 사람을 비롯한 생명이 탄생했다.

세상이 어느 정도 완성되었을 때 설문대는 망망한 바다 위에 섬
하나를 만들 작정을 했다. 바다를 휘저어 흙을 끌어모아 섬과 산을
만들고 오름을 만들었다. 수많은 오름을 징검다리처럼 디디며 걷

는 걸음마다 분화구와 산정호수, 그리고 계곡과 연못들이 생겨났다. 이를 두고 섬사람들은 설문대할망의 키 자랑이라는 이야기로 꾸려 기억 속에 저장했다. 신의 창조행위란 거룩하고 엄숙할 것이라 여기기 마련이지만 키 자랑이라는 말이 내비치는 것처럼 때때로 즐거운 놀이이기도 했던 모양이다.

창조가 놀이였다니. 그럴싸한 증거가 남아있었다. 물음표가 여장을 꾸려 찾아간 곳에는 과연 그 증거들이 있었다. 물어물어 찾아간 해안동 무수천 계곡에서, 상가리 고내오름 밑자락에서, 애월리 하물 줄기 끝에서 물음표는 덩치 큰 바윗돌들과 맞닥뜨렸다. 세 마을 토박이들의 귀를 타고 입을 거쳐온 이야기에는 이 바위들 모두가 설문대의 공깃돌이라는 이름으로 등장하고 있었다.

공깃돌과 만난 물음표는 바위의 표면을 매만졌다. 여신의 지문은 지워졌지만 긴 세월 비바람이 새겨놓은 문양과 용암의 가쁜 숨결이 드나들던 현무암의 곰보 자국만으로도 전율이 일렁였다. 물음표의 손에 와 닿은 전율은 함께 데려온 의문부호 하나를 꺼내라고 했다.

"다른 놀이도 많은데 왜 하필이면 공기놀이였을까?"

창조의 손짓 공기놀이

해안동, 상가리, 애월리에 남아있는 설문대의 공깃돌 바위는 언듯 선사시대의 고인돌이나 선돌 같은 모습이었다. 고인돌이나 선돌과 겉모습은 매우 닮았지만 뚜렷한 차이가 있었다. 그것은 사람의 손을 탔느냐 안 탔느냐였다. 알다시피 고인돌과 선돌은 선사인들이 만들어낸 거석문화의 산물이다. 커다란 바위를 깨뜨리고 굴려서 무덤을 만들었는가 하면 기둥처럼 세워놓기도 하고, 줄을 맞춰 일정한 도형을 만들기도 했다. 물음표가 알기로 세계적으로 널리 알려진 영국 스톤헨지의 환상열석이나 프랑스 카르냑의 열석이 대표적인 선돌이다. 고인돌로 말하자면 고창과 화순이 유네스코 세계문화유산에 등재될 정도로 한반도는 고인돌의 왕국이기도 했

상가리 공깃돌 바위

다. 그렇다면 동서양을 막론하고 옛사람들은 무슨 이유로 어렵사리 고인돌과 선돌을 세웠을까? 물음표는 그 해답이 주술적 사고에 있으며 설문대와도 공깃돌 바위와 이어져 있다고 판단했다.

"지구 생명의 역사에서 가장 독특한 돌연변이가 탄생하는 순간이었을 거야. 인간이 눈에 보이지 않는 힘의 존재가 있음을 깨달았던 먼 옛날의 그 순간, 그들은 보이지 않는 힘을 보이는 것에 덧씌워 놓았을 거야."

보이는 것은 다름 아닌 사람을 둘러싼 자연이었다. 나무를 보자. 뿌리는 지하세계로 뻗어가고 몸통은 지상에 우뚝 서 있으며 줄기

애월리 공깃돌 바위

해안동 공깃돌 바위

와 가지는 천상세계까지 닿아 세상 모든 곳을 관통하는 나무는 우주로 보였다. 하늘과 땅을 자유로이 날아다니는 새를 보고는 나무처럼 세상 모든 곳을 드나들 수 있는 놀라운 존재라며 숭배했다. 바위도 그런 존재 중 하나였다. 불길에 휩싸여도 타지 않고 비바람에도 끄떡없는 힘을 가진 대단한 존재였다. 더욱이 바위는 깊은 굴을 품고 있어서 사람들에게 보금자리를 선물하는 생명의 공간이기도 했다. 다시 말하면 자연이 살아있다고 여기는 물활론이 바위 숭배로 이어진 셈이다.

거석숭배는 시간이 흐르는 사이 자연물 자체가 아닌 초월적 존재가 세상을 조정하는 힘을 지닌다는 새로운 사고와 만나며 변화의 길목으로 접어들었다. 초월적인 신은 따로 있고 바위는 그 신의 영력이 담긴 창조물이라는 또 다른 생각의 길이었다. 이즈음에 이르러 사람들은 설문대할망 같은 신을 떠올렸으며 자연물에 그 신성한 권능이 깃들어 있다고 믿게 되었다. 바위에 신의 이야기를 붙여놓고 찬양하게 된 것이다. 사람들은 거기에 그치지 않았다. 거룩한 신성이 깃든 바위를 통해 신과 만나려고 죽은 자의 무덤을 만들고 줄지어 세워놓고 바위기둥을 달력 삼아 신과 만나는 시간을 가늠하게 되었다. 고인돌이 신과 만나는 공간의 창조였다면 선돌은 신과 만나는 시간을 창조하는 주술적 행위였다.

물음표는 설문대할망의 사연을 그럴싸하게 증명하는 전설지 중에 유독 바위가 많은 것도 거석숭배의 관념에서 유래한 것이며 그만큼이나 오래된 선사의 신앙이라는 증거라고 여겼다. 해안동, 상가리, 애월리의 공깃돌도 거석숭배에서 비롯된 것임이 틀림없었다. 그럼에도 불구하고 왜 하필이면 공깃돌일까?

물음표는 애월리사무소 화단을 전세 낸 듯이 차지한 커다란 공깃돌 바위 앞에 쪼그려 앉은 채 만성 변비 환자처럼 끙끙거렸다. 수수께끼에 골몰한 머리와 달리 장난질에 빠진 손이 돌멩이 몇 알을 만지작거리기 시작했다. 머리는 고민을 하고 손은 공기놀이에 취한 채 돌멩이를 던졌다 받았다 하는 사이 저도 몰래 물음표의 입이 움직였다.

"어릴 땐 한 번에 백 살 정돈 가뿐했는데 잘 안 되네?"

오호라! 소 뒷걸음질 치다 쥐 잡는다더니. 엉겁결에 실마리 한 가닥이 잡혔다. 해답은 공기놀이 자체에 깃들어 있었다. 공기놀이는 몇 개의 공깃돌을 갖고 노느냐에 따라 다양한 방식이 있다. 그런 방식들을 관통하는 공통점이 있었다. 겨루기를 벌여 단계를 거칠 때마다 매기는 점수를 헤아릴 때 '몇 년', '몇 살' 등의 용어를 사용해 시간을 대입한다는 사실이었다. 공기놀이란 것이 시간을 만들어가는 놀이였던 것이다.

물음표는 설문대와 공깃돌을 하나로 엮은 옛사람들의 집단지성에 탄복할 수밖에 없었다. 커다란 바위를 공깃돌 다루듯 이리저리 내던지며 제주섬이라는 공간을 만들고 또한 한 해 두 해 시간까지 엮어내는 창조의 놀이라고 절묘하게 풀이한 것이다. 이렇게 저 바위들은 설문대의 공깃돌이라는 이름을 얻어 시간과 공간 창조의 상징물이 되었다. 거석숭배의 한 갈래로 해석하는 것이야 학자들의 몫이라며 내던졌다. 물음표 자신의 직관으로 얻어낸 소득에 흠뻑 취했으니까.

사라져가는 창조주의 자취

제주섬이라는 우주의 시공간을 만들어낸 창조 놀이의 상징인 공깃돌들은 과연 어떤 모습으로 남아있을까? 제주시내와 애월읍을 가르는 무수천 계곡에 있는 해안동 공깃돌 바위는 육중한 위용을 내보이며 높다란 곳에 앉아 있었다. 둥그런 모양을 보면 거대한 손으로 집어 들기에 알맞아서 공깃돌다웠다.

무수천 다리 위아래로 꿈틀대는 계곡을 따라 광령팔경이라는 명소들이 줄줄이 포진해 있는데 그중 한 곳인 청와옥이 채 100미터도 안 되는 지척에 있었다. 우선문이라고 불리는 창곰돌레도 멀지 않았다. 아쉽게도 무수천 다리 곁의 안내판에 광령팔경은 또박또박 설명되어 있는데 공깃돌에 대한 이야기는 없었다. 다리 가까이 있어서 쉽게 보이는 데도 말이다.

상가리 공깃돌은 고내오름자락의 도로변에 있었다. 애월리와 상가리를 잇는 도로의 마지막 커브길 한가운데 집채만 한 바위 다섯이 줄지어 선 모습이었다. 급커브가 아찔한 도로 한복판에 안전구조물처럼 줄지어 선 모습은 아무래도 부자연스러운 인상을 풍겼다. 물음표가 알아보니 아닌 게 아니라 이 공깃돌들은 애초부터 이 자리에 있었던 것이 아니었다. 공깃돌 바위들은 고내오름 등성이에 있었는데 도로가 생겨날 당시 오름이 깎이며 길 주변에 나뒹구는 신세가 됐었다고 한다. 이를 안타깝게 여긴 상가리 청년들이 나서서 지금의 자리에 세워놓기에 이른 것이다. 설문대할망의 신성이 담긴 성물을 기리는 마음이 공깃돌 바위들을 살려냈지만 도로 한복판에 놓였다는 사실이 무척이나 안타까웠다. 더욱이 내력에 대한 안내문조차 없어서 이 길을 지나는 사람들은 급커브 길의 안전장치로나 여길 것 같아서 마음이 묵직해졌다.

상가리 공깃돌 바위를 품고 굽이진 도로는 애월리로 이어져 있었다. 그 길을 따라 애월리로 내려가면 마을 중심가에서 리사무소와 만난다. 토박이들에 따르면 리사무소 마당에 공깃돌 바위 하나가 있고 다른 하나는 애월초등학교 교정에 있댔다. 그런데 이곳 역시 설문대의 공깃돌 바위라는 해설은 전혀 없었다.

이처럼 세 마을에 남아있는 설문대할망의 공깃돌 바위들은 오늘날 제주가 처한 현실은 단적으로 드러내는 상징처럼 보였다. 앞만 보며 돌진해온 개발지상주의가 이제 기후위기의 티핑포인트를 목전에 둔 오늘, 여전히 우리는 옛사람들의 황당무계한 이야기라고 여겨 설문대를 찾지 않는다. 저 공깃돌 바위를 움켜쥔 거대한 손이 다시 한번 천지개벽을 일으키지나 않는 한….

다시 솥을 앉혀 ——————————————— 10.
만생명의 양식을 짓다

오름자락 아래 밀물지는 바다에서

"저기요. 실례합니다."

"네?"

"사진 좀 부탁드려도 될까요?"

"아, 네에…."

"감사합니다."

"저기요. 저희도 좀 찍어주시면…."

엉겁결에 사진사가 되었다. 언제부턴가 이곳은 제주 최대의 명소 중 한 곳으로 떠올랐다. 인기드라마의 촬영지였다는 카페가 있고, 아이돌 가수의 카페도 있었다. 이름만 들어도 누구나 아는 유명 가수가 제주살이를 하면서 이따금 산책했던 곳이라는 점도 많은 인파를 끌어모으기에 충분했다.

여행지에 어울리는 패션으로 해안 산책로를 누비는 청춘남녀들 속에 추레한 차림에다 자기 몸통보다 큰 행랑을 짊어진 물음표는 생뚱맞기 짝이 없었다. 누가 봐도 런웨이에 난입해 모델들을 당황케 하는 괴한 꼴이니. 볼품없는 꼴을 보고도 손이 모자란 여행객 몇몇이 사진을 찍어달라며 카메라를 내밀어서 도리없이 사진사 체험을 몇 분간 감수했다.

괴물이라는 토명(土名)이 더욱 어울리는 곽지리 바닷가 소로기통에서 출발한 한담산책로는 밀물지는 파도처럼 굽이 돌며 서쪽 마을 애월리의 한담코지까지 이어져 있었다. 치솟은 현무암들이 저마다 희한한 포즈를 잡고 개성을 뽐내는 것이 신화적인 변상증을 일으키기에 충분한 풍경이었다. 이곳에 터를 잡고 살아온 옛사람들은 바위 하나하나에 이름과 그에 어울리는 이력을 심어 넣었을 것이 분명하다. 한담산책로를 곽지부터 걷기 시작하면 가장 먼저 만나게 되는 소로기통도 그러했다.

문자속을 들먹이기 좋아했던 옛 양반들은 곽금팔경이라는 여덟 가지 절경을 고안해 이 절벽에 치소기암(鴟巢奇巖)이라는 이름을 붙여놓았다. 절벽의 울퉁불퉁한 굴곡이 솔개가 날개를 펴고 날아오르는 모습을 닮았다고 해서 이런 수사가 곁들여졌다고 한다. 뜻으로야 소로기통과 별 차이가 없지만 물음표에겐 소로기통이 훨씬 생생하게 다가왔다. 마을의 옛이야기를 주저리주저리 읊어내며 설문대할망의 흔적을 알려준 동네 할머니의 구수한 입담 덕분이었다.

"그 말은 어디서 들었어?"

"책도 보고 여기저기 수소문하다 알게 됐습니다. 근데 막상 와보니 찾질 못하겠네요."

"저 소로기통 옆에 가면 있어. 우린 삼솥바리라고 불러. 설문대할망이 솥단지 앉혔던 바위라서."

"감사합니다."

"잠깐. 거기 말고 저 위에 외솥바리도 있어."

"네. 저 위에요?"

"일주도로 쪽으로 가면 한라산 쪽으로 훤히 보여. 설문대할망이 곽지리에 들어와서 처음에 그 외솥바리에 솥을 앉히려다가 잘 안 되니까 삼솥바리를 택했어. 영감님네들은 그 바위를 외솥바리보다 문필봉이라면서 우리 마을이 선비의 고장이 되게 만들어주는 신통한 곳이라고 자랑해. 옛날엔 과거 보러 가는 선비들이 거기 가서 치성도 올렸다고 하고. 젊은 사람 너무 오래 붙잡았네. 얼른 가봐."

"네, 정말 감사합니다."

소로기는 제주 사투리로 솔개를 이르는 말이다. 솔개를 닮은 절

곽지리 외솥바리

곽지리 소로기통의 설문대 삼솥바리

벽이 안쪽으로 자루처럼 휘어져 있어서 바닷물이 들어찬다. 절벽이 물통처럼 바다를 끌어안고 있어서 통이라고 부른다. 할머니 말로는 절벽이 솔개가 바닷속의 물고기를 사냥하려고 물가를 내려다보며 날개를 펼친 모양이랬다. 소로기통, 아무리 곱씹어도 치소기암보다 훨씬 실감 나는 이름이었다.

물음표는 소로기통을 잠깐 둘러본 뒤 할머니의 이야기를 복기했다. 할머니 설명대로면 이 근처에 삼솥바리가 있어야 한다. 하지만 뚫어지게 샅샅이 살펴도 그런 것은 없고 기묘한 형상의 바위기둥 앞에 '용 바위'와 '으뜸 바위'라는 안내판만 있을 뿐이었다. 하나는 용머리를 닮았고 하나는 엄지손가락을 곧게 편 주먹 같대서 붙여진 것 같았다. 물음표는 그럴싸하게 묘사한 안내판에 잠깐 눈이 흘렸지만 이내 본연의 목적을 떠올렸다. 조금 더 가면 있으려나 싶어서 산책로를 따라 한담코지 쪽으로 나아갔다. 워낙 절경인 바닷가에 기암괴석들이 즐비한 곳이라 물음표의 집중력은 코 묻은 휴지조각처럼 위태로워지기 시작했다. 그도 그럴 것이 눈앞에 나타나는 만물상 같은 바위마다 고양이 바위, 하마 바위, 거울 바위, 창문 바위, 코뿔소 바위 등의 안내판이 세워져 있어서 물음표를 홀리고도 남았다.

비경에 홀린 물음표는 어느새 한담코지까지 오고 말았다. 신선들 바둑 구경에 도끼 자루 썩는 줄 몰랐다는 나무꾼 신세가 된 뒤에야 정신이 번쩍 들었다. 도대체 삼솥바리는 어디에 있단 말인가? 물음표는 다시 마을 토박이를 찾아 물어볼 작정으로 여행객뿐인 한담산책로를 벗어났다. 때마침 일주도로 위쪽 밭에서 일하는 노인들이 보였다. 취나물을 뜯던 노인 하나가 일손을 멈추고 솥바리, 외솥바리, 삼솥바리의 정확한 위치를 조목조목 알려줬다. 마침내 설문대의 흔적과 만나게 된 것이다.

설문대의 화덕이 여럿이니

이 근처에 설문대가 솥을 앉혀 밥을 지었다는 화덕이 세 곳이나 있었다니. 첫 번째는 애월리와의 경계지점에 자리한 솥바리였다. 한담산책로 애월리 쪽 주차장에서 남쪽으로 대략 200미터쯤 떨어진 직선거리에 있었다. 구불구불한 돌담을 두른 밭들이 드넓게 펼쳐진 가운데 불쑥 솟아오른 바위 언덕 세 개가 솥바리였다. 제주 사투리로 머체라고 부르는 이 바위 언덕들은 집채만큼이나 커서 소나무며 잡목들이 뿌리내릴 정도였다. 삼각형 모양의 편대를 이루고 둘러앉은 이 머체들이 설문대할망이 솥을 앉혔던 화덕이라면 그 가운데 너른 밭은 아궁이인 셈이었다. 아궁이 한복판에 서서 세 개의 머체가 떠받쳤을 솥을 직접 본다면 어마어마한 크기에 까무

애월리 솥바리

러칠 것 같았다.

그러나 안타깝게도 이런 상상을 할 수 있는 사람은 물음표 말곤 거의 없잖은가. 이곳이 설문대의 솥바리라는 걸 아는 이들도 대부분 사라진 탓이다. 그저 밭 사이의 바위 언덕이나 돌무지 정도로만 보여서 누구도 신성이 서린 곳이란 걸 감지할 수 없는 실정이었다.

솥바리에서 서쪽을 바라보니 바닷가에 만난 할머니의 말씀대로 마치 사람이 쌓은 탑처럼 보이는 우뚝 솟은 바위기둥이 눈에 들어왔다.

"외솥바리구나. 이렇게 가까이에 솥바리, 외솥바리, 삼솥바리가 모여 있었어. 곽지리는 완전 설문대할망의 부엌이네."

외솥바리는 솥바리에서 걸어서도 5분 정도면 가 닿을 수 있는 거리에 있었다. 외솥바리 앞에는 문필지봉이라는 안내판과 비석 하나가 이곳의 사정을 설명하고 있었다. 안내판과 비석 모두 이 기묘한 바위기둥이 붓대처럼 생겨서 이 마을에 문사가 많이 배출된다는 설명이 장황했다. 근래에도 입시나 자격시험을 앞둔 사람들이 찾아와 기도를 올린다고 한다. 바위기둥 앞에 놓인 평평한 바위가 제단인 듯했다.

물음표는 제단 앞에 서서 과거를 앞둔 선비라도 된 것처럼 머리를 조아린 뒤 외솥바리 꼭대기를 우러렀다. 꼭대기가 뾰족한 것이 정말 붓끝처럼 보였다. 다시 비문을 읽어보려고 살피다 비석 뒷면에 새겨진 또 다른 글귀를 발견했다. 놀랍게도 이 바위기둥이 설문대의 외솥바리라는 설명이었다. 그러니까 앞면에는 문필지봉의 사연이 있고 뒷면에는 설문대의 사연이 적혀 있던 것이다.

설문대할망의 사연인즉 여신께서 이 바위기둥에 솥을 앉히려고 했는데 솥 받침돌이 딸랑 하나뿐이라서 다른 곳을 살피다 소로기통 앞의 삼솥바리를 발견했다. 그리하여 솥을 삼솥바리로 옮겨 앉히려고 했더니 거기는 가운데 받침돌이 짧아서 솥이 자꾸 기울었다. 이에 외솥바리의 꼭대기를 똑 떼어서 삼솥바리의 높이를 맞췄다. 그 위에 솥을 앉혔더니 절묘하게 균형이 맞아 밥을 지을 수 있었다. 밥을 다 지은 뒤엔 다시 외솥바리의 꼭대기를 제자리에 갖다 붙여놓아서 이 바위기둥의 꼭대기는 분리되어 있다는 설명이었다.

외솥바리는 오랜 풍상에 시달리다 무너졌었는데 2003년 10월에 복원했다고 비문에 쓰여 있었다. 비석도 그때쯤 함께 세운 모양인데 앞뒷면에 쓰인 비문이 암시하는 바가 자못 크게 느껴졌다.

"아마도 유교 문화가 널리 퍼지기 전까지 이 바위기둥은 설문대의 화덕으로 숭상됐을 거야. 세월이 흐르며 유교적 색채로 변신한 거겠지. 제주만 그런가. 전국 곳곳에 이런 곳이 많잖아. 뾰족하게 생긴 바위기둥이라면 너 나 없이 '문필봉'이라 붙여놓았으니까. 이렇게 외솥바리의 내력을 새겨놓아서 정말 다행이다."

다시 삼솥바리로

삼솥바리를 기어이 찾아낸 물음표는 크게 놀랐다. 용 바위라는 안내판이 내걸린 기묘한 바위가 삼솥바리를 이룬 세 개의 바위기둥 중 하나였던 것이다. 외솥바리와 달리 관광객들의 러시가 일어나자 나름의 스토리텔링을 한다면서 옛 전설을 뒤로 물리고 용 바위라는 이름을 붙여놓은 볼썽사나운 모양새였다.

이곳과 가까운 어느 마을 해안도로변의 절벽에도 포세이돈 바위라는 이름을 붙이고 있지도 않은 전설까지 만들어서 입간판을 세웠다가 입바른 사람들의 지적에 철거하는 일이 있었다는데. 머나먼 그리스의 어느 청년이 사랑하던 여인과 강제로 헤어지게 되자 이 섬 제주까지 날아와서 바위가 되었는데 해안절벽 끄트머리의 모습이 그 청년을 닮았다는 그럴싸한 이야기였다. 그에 비하면 용 바위는 애교로 봐줄 만도 하지만 설문대할망의 사연은 아스라이 사라졌으니 물음표는 삼솥바리에 부딪치는 파도에게 푸념을 늘어놓을 수밖에.

시간이 한참 지나고 외솥바리와 삼솥바리에서 엇갈린 격정이 잦아든 어느 날 물음표는 그곳을 다시 찾았다. 놀랍게도 용 바위부터 코뿔소 바위라는 사파리를 연상시키는 안내판들이 사라지고 없었다. 자세히 보니 철거한 게 아니라 낡아서 부서진 상태였다. 물음표는 이것이 다행인지 불행인지 모르겠다며 이왕에 다시 세울 생각이 있다면 삼솥바리에 대한 설명이 함께 실리기를 소망했다.

"다시 돌이켜보자. 이 일대에 흩어져 있는 설문대의 화덕들은 이름을 잃어버린 존재다. 태초에는 솥바리, 외솥바리, 삼솥바리라는 신성한 이름을 지니고 있었지만 망각이라는 그물에 걸려 문필봉이 되었지. 그리고 다시 용 바위며 으뜸 바위가 됐어. 천만다행인 것은 본연의 이름을 잃어버렸지만 아직까지 육신이 살아 남아있다는 사실이야. 해묵은 시의 한 구절처럼 '내가 그의 이름을 불러주었을 때'가 지금이 아닐까? 설문대의 부엌이었던 시절의 이름들."

최초와 최후의 발자취를 찾아서

코발트 빛 보석처럼 빛나는 애월 바다, 최근 몇 년 사이 한담코지
는 제주 최고의 핫플레이스로 떠올랐다. 세계적인 스타로 알려진
가수는 아예 이 해변에 화려한 카페까지 차려놓아서 전국의 젊은
이들이 장사진을 치는 명소로 탈바꿈시켰다. 멸치 떼가 해변까지
몰려와야 비로소 왁자지껄한 소동이 벌어지던 한적한 시골 마을의
이력이 사실이었는지조차 의문이 생기는 상전벽해를 맞이했다. 처
음에는 쥐 죽은 듯 고요했던 곳에 젊은이들이 하나둘 모여들자 마
을에 활력이 생긴다며 모두 반겼다. 넘쳐나는 인파로 인한 여러 가
지 폐해가 많아 골머리를 앓는 지경이 될 줄 그땐 몰랐다.

제주의 바닷가마을이라기보다 열대의 휴양지에 가까운 풍경을

연출하는 한담산책로 주차장에는 그곳과는 어울리지 않는 높다란 기념비가 서 있었다. 비석에 쓰인 글씨는 주변의 영문 간판과는 더더욱 어울리지 않는 고풍스러운 필치로 '장한철 기적비'라고 적혀 있다. 비석의 받침돌은 가로로 길게 뻗었는데 그 모양이 마치 배를 닮았다. 그리고 보니 비석은 바람을 동력으로 바꿔주는 팽팽한 돛을 닮았다. 받침돌과 비석이 어울려 돛단배의 형상을 한 것에 눈길을 주는 여행자들은 거의 없었다. 그러니 받침돌과 비석 뒷면에 적힌 장한철이란 사람의 사연을 살펴볼 사람은 더더욱 없었겠지.

이 비석의 주인공이 설문대할망과 깊은 인연이 있다는 걸 아는

《표해록》을 저술한 장한철의 기적비

이는 몇이나 될까? 이 마을 토박이나 물음표처럼 신화를 쫓아 온 섬을 헤매는 천덕꾸러기가 아니고선 장한철이며 설문대를 알 리 만무했다. 물음표는 고래고래 외치고 싶었다.

"여기 장한철이 있었다! 이 마을이 설문대할망의 메카다!"

고주망태가 된 취객의 술주정이거니 여기리란 생각에 엄두가 나지 않았다. 그럴 바엔 자신의 숙제를 열심히 푸는 것이 훨씬 나은 일이라고 판단해 애써 장한철 기적비에 집중했다.

"설문대할망의 손길이 닿은 바위들이 무슨 까닭으로 나란히 붙어 앉은 세 마을에 몰려있는 것일까?"

솥바리, 삼솥바리, 외솥바리, 공깃돌 바위 등 설문대의 신성이 깃든 전설지가 몰려있는 애월읍의 상가리, 애월리, 곽지리는 가히 창조주의 메카라고 불러도 손색없는 곳이다. 물론 한라산부터 시작해서 제주섬 곳곳에 설문대할망이 빚어내지 않은 데라곤 한 군데도 없으니 이곳만 메카라고 한다면 억지스럽게 보일 수도 있다. 그렇더라도 물음표는 이 세 마을을 설문대의 메카라고 부르기로 마음먹었다. 전설지들이 몰려있기도 했거니와 무엇보다 설문대할망을 세상에 알린 첫 사람의 고향이었기에. 또한 설문대할망을 창조주로 섬겼던 마지막 사람의 마을이기도 했다. 첫 사람과 마지막 사람이 바로 이 마을 출신이라는 사실이 물음표가 메카라는 단어를 들먹인 결정적인 이유였다.

애초에 물음표는 설문대할망의 전설지들이 밀집한 곳이란 점에 이끌려 이곳에 발을 디뎠었다. 질문꾸러미를 한가득 짊어진 채 애월리, 곽지리, 상가리 세 마을을 전전하며 귀동냥을 쉬지 않았다. 그러던 차에 물음표는 설문대의 이름을 처음으로 묵향에 새겨 세상에 남긴 조선 시대의 장한철을 알게 되었다. 그보다 더 큰 소득은 설문대를 숭배했던 20세기의 마지막 사람 '애월할망'의 존재까지 알게 된 것이었다.

뱃사람들은 누구에게 기도했나

입에서 입으로 전해져온 설문대할망의 이름을 기록으로 남긴 이는 18세기 인물로 애월리 한담 마을에서 살았던 녹담거사 장한철이었다. 물음표는 장한철이 남긴 책《표해록》을 탐독하고 그의 생애를 간추려 머릿속 서랍장에 차곡차곡 챙겨 넣었다.

한적한 시골 마을에서 나고 자란 장한철은 글재주가 매우 뛰어나 1770년 제주목에서 실시된 향시에서 장원을 차지했다. 일찍이 부모와 떨어져 중부의 슬하에서 자란 장한철은 어려서부터 될성부른 나무였던 모양이다. 책 속에 빠져들면 무슨 일이 벌어지는 줄도 모른 채 삼매에 든 스님처럼 돌부처가 되곤 했다. 그 결과 당시 제주목에 치르던 향시에서 우수한 성적으로 급제했다. 주변 사람들이 궁벽한 섬에서 썩기엔 그의 학식이 너무나 아깝다며 대과에 응

애월리 한담코지 전경

복원한 장한철 생가

시하라고 의기투합했다. 마을 사람들은 물론 관청에서도 발 벗고 나서서 노잣돈을 마련해줬다. 장한철은 마을 사람들의 격려 속에 마음을 굳혔고 같은 해 겨울 뭍을 향하는 배에 몸을 실었다.

그를 포함해 29명이 함께 탄 배는 사납기로 소문난 제주의 겨울 바다가 잔잔하게 누그러지는 날을 골랐다. 바라던 대로 배는 평지를 가는 것처럼 순항을 시작했다. 그런데 한라산이 아스라해질 무렵 사방에 보이는 것이라곤 짙푸른 물결뿐인 망망한 바다 한가운데 이르자 놀라운 광경이 펼쳐졌다. 바다 멀리 오색 광채를 뿜는 어마어마한 누각들이 보이지 않는가. 이를 두고 몇몇이 용궁이 보이는 것은 불길한 징조라며 크게 동요했다. 장한철은 신기루임을 알아차리고 사람들을 안심시켰다. 사람들을 놀라게 만든 것은 신기루만이 아니었다. 어마어마한 덩치의 고래가 물을 뿜으며 뱃전을 스치듯이 지나갔다. 이번에는 제주와 뭍을 오가는 항해를 무려 80번 넘게 겪었다는 노련한 뱃사공마저 불길한 징조라며 어두운 표정을 지었다. 비바람이 몰아칠 징조랬다. 얼마 지나지 않아 뱃사공의 근심이 현실로 이어져 돌연 광풍이 들이닥쳤다. 격랑 위의 가랑잎처럼 표류하는 신세가 되고 만 것이다.

기약 없던 표류가 사흘째 이어진 끝에 격랑은 장한철 일행을 오키나와의 옛 왕국인 류큐 제도의 작은 섬 호산도로 이끌었다. 호산도에서 며칠을 보내는데 갑자기 나타난 왜구들이 그나마 지니고 있던 물자를 모두 빼앗고는 떠나버렸다. 그리고 다시 며칠 뒤 근처를 지나던 안남(오늘날의 베트남) 상선에 구조되었지만 안남 상인들조차도 장한철 일행을 조각배에 실어 유기해버렸다. 다시 폭풍우에 휘말려 생사를 오간 끝에 기적적으로 청산도에 닿았다. 살아남은 사람은 장한철을 포함해 여덟 명이었다. 그는 청산도 주민들에게 부탁해 바다에서 목숨을 잃은 동료들을 위한 제사부터 치렀다.

그 뒤 다친 몸이 회복되자 일행들과 강진으로 향했다. 강진나루에는 제주를 오가는 배들이 많았다. 장한철은 일행들에게 먼저 고향으로 돌아가라고 당부한 뒤 애초에 목적했던 과거를 보러 한양을 향한다. 하지만 목숨 건 표류의 후유증은 그의 급제를 허락하지 않았다. 낙심한 장한철은 마음까지 만신창이가 된 채 고향 한담 마을로 돌아와 방문을 걸어 잠갔다. 이후 장한철은 다시 글공부에 매진해 1775년 별시에 급제한 뒤 대정현감과 흡곡현령을 지냈다고 한다.

스펙터클한 모험을 겪은 장한철은 영화에서나 볼 법한 표류를 후세에 남기리라고 작정해 '표해록'이라는 제목의 표류기를 저술했다. 바로 이 책에 설문대의 이름으로 보이는 존재가 등장한다. 안남 상선에 구조되어 호산도를 떠나 조선 바다로 접어들 무렵 수평선 너머로 한라산이 아득한 모습을 보이자 장한철 일행 중 뱃사람들이 한목소리로 이렇게 외쳤다는 것이다.

"백록선자 활아활아(白鹿仙子活我活我) 선마선파 활아활아(詵麻仙婆活我活我)."

백록선자는 한라산신을 이르고 선마선파는 설문대를 이르는 것이었다.

"한라산 산신령님 저희를 살려주십써. 설문대할마님 저희를 살려주십써."

제주의 뱃사공들이 외쳤던 비념을 장한철은 이렇게 기록한 것이다. 또한 장한철은 설문대가 서해 바다를 건너온 거대한 여신이며 선마고^(銑麻姑)라는 또 다른 이름까지 있다는 것을 꼼꼼하게 기록했다. 워낙 마을마다 설문대할망을 부르는 이름이 다양한 것은 장한철의 시대에도 비슷했던 모양인데, 그의 《표해록》은 여신의 이름뿐 아니라 제주 사람들이 설문대를 열렬히 숭배했었다는 사실까지 알려준다. 더욱이 서해 바다를 건너와 한라산에서 놀이를 즐겼다는 사연까지 소개하고 있다. 이후의 문헌인 《증보 탐라지》^(耽羅誌) 등에도 설만두고^(雪慢頭姑), 사만두고^(沙曼頭姑), 사마고파^(沙麻姑婆) 등으로 기록되어 있는데 장한철의 《표해록》이야말로 최초였다.

창조주를 모시던 마지막 단골

물음표에게 애월리는 신기한 마을이었다. 공교롭게도 이 마을에는 설문대를 최초로 기록한 장한철이 있는가 하면 어쩌면 최후의 설문대 숭배자라고 할 수 있는 이도 있었다. 그렇다면 최후의 설문대 숭배자라는 이는 누굴까?

소설가 오성찬의 제주의 마을 시리즈 애월리 편에 '애월할망'이라는 이름으로 등장하는 이 주인공은 설문대할망의 공깃돌바위가 애초에 있었던 곳인 개당의 치성을 전담하는 마을의 삼신할망이었다. 개당의 치성을 맡는 할망이라서 애월리 주민들은 '개당할망'이라고 부르기도 했다.

삼신할망이란 마을의 산파 역할을 비롯해 갓난아기들의 병치레를 해결해주는 사람을 이르는데 경우에 따라 심방$^{(무당)}$처럼 마을의 신당에서 치르는 의례를 집전하기도 한다. 애월할망은 전형적인 삼신할망이었는데도 사뭇 다른 면모가 한 가지 더 있었다. 광목천을 있는 대로 장만해 마당 가득 펼쳐놓고 오리고 깁기를 며칠 동안 이어가는 기행을 벌였다는 것이다. 도대체 뭘 만드는 것인지 궁금했던 이웃들은 개당할망의 작품이 완성된 뒤에 놀라 자빠질 정도였다.

"두고들 보라고. 설문대할망은 살아 돌아오실 거야. 그때 이걸 바치려고 미리 만들어두는 거야."

개당할망의 작품은 족히 10미터가 넘는 커다란 버선이었으니 누구든 놀라지 않고 배겼을까. 이처럼 신심이 어찌나 깊었던지 마을 사람들에게 설문대할망을 섬기지 않으면 세상이 망할 것이라며 마치 종교의 전도사처럼 여기저기 설파했다고 한다. 제주 사람 어느 누구도 설문대할망을 신성한 존재로 여기는 이 없는 세상이 되었는데도 마지막까지 숭배했던 이가 개당할망이니 최초의 기록자 장한철처럼 각별한 의미를 지닌다.

애월리에는 개당할망과 비슷한 면모를 보였던 또 하나의 할망이 있었다. '공덕할망'이라고 불리던 이가 그 주인공이다. 애월읍 관내에서도 손꼽히는 부자였던 이 할망은 일반적인 재력가들과 다른 이였다. 마을에 가난한 이들을 자기 집에서 살게 하며 가족처럼 보살폈다. 새마을운동 당시 마을에 전기를 들여올 무렵에 누구보다 많은 돈을 기부했으며 애월중학교가 생겨날 때 학교 운동장 부지를 선뜻 내놓아 공덕할망이라는 별명을 얻었다.

'공덕할망'은 선행 말고도 특이한 행적을 보이곤 했는데 설문대 할망의 사연이 스민 용천수 하물을 지극정성으로 청소하고 관리했다. 또한 마을에 큰 가뭄이 들면 사재를 내놔 소 한 마리를 잡고 과오름이나 개당 인근에서 기우제를 종종 올렸다. 무엇보다 독특한 면은 시도 때도 없이 뭔가 못마땅한 상황에 맞닥뜨리면 일장연설을 늘어놓았다는 점이다. 이를테면 젊은 여성들이 짧은 치마를 입거나 퍼머를 한 모습과 마주치면 동네가 떠나가게 훈계를 토해냈다. 예의에 어긋나는 행실을 하는 사람에게도 득달같이 달려들어 불호령을 내리기 일쑤였다. 이 때문에 '연설할망'이라는 또 다른 별명까지 얻었다.

개명된 시대에 해묵은 전설 속 여신을 숭배하는 이 할망들의 행적은 돈키호테를 방불케 한다. 하지만 창조주의 섬땅을 오롯이 지켜가려고 했던 그의 신심은 대단한 울림을 남긴다. 오름만큼이나 큰 마천루를 짓고 자연을 떡 주무르듯이 쉽사리 파괴하는 오늘의 제주를 겪는 사람들로서야 감응할 수밖에 없으리라. 물음표에게 두 할망은 설문대를 숭배했던 마지막 사람이라기보다 그 여신의 환생으로 다가왔다.

바다를 떠돌던 섬을 떠안은 파도 위에서

저 비췻빛에 물들면 짐작할 겨를도 없이 푸른 줄기가 몸을 뒤덮는다. 식물성 본능이 깨어난다. 광합성의 시간이다. 무엇 때문에 여기까지 왔는지 까마득히 잊어버린 채 갯바람에 취해 초록 삼매경에 한참을 빠졌다가 불현듯 정신을 가다듬는다. 반복되는 자각의 혼잣말이 새어 나온다.

"저 섬 때문이었지. 코끼리를 삼켰다는 보아뱀을 닮은 저 섬 말이야."

비양도 때문에 예까지 온 것이 맞다. 행랑 가득 설문대를 향한 의문부호를 잔뜩 넣고 끝도 없이 떠돌던 터라 광합성 휴식은 물음표를 쉼표로 만들어주는 이 바다의 은혜였다. 비양도에 종종 드나들다 이따금 도항선을 놓치면 금릉 바닷가에서 누리는 휴식이야말로 꿀맛이었다.

물음표가 비양도에 몰두하게 된 이유는 어린 왕자의 보아뱀을 닮은 이 섬이 움직였다는 전설 때문이었다. 섬이 움직인다니? 그랬다. 놀랍게도 전설에 따르면 비양도는 살아있는 섬이었다. 어디에서 생겨났는지 누구도 몰랐지만 스스로 파도를 가르며 항해하던 섬이었다. 긴 항해를 거듭해 제주 바다에 다다를 때까지 누구도 그 사실을 알지 못했던 모양이다. 섬은 남몰래 비밀스러운 항해를 거듭하며 물빛 고운 한림 바다를 지나던 중 그만 빨래하는 아낙의 눈에 띄고 말았다.

"어머나, 저게 뭐야?"

커다란 섬이 고래처럼 파도를 헤쳐나가는 광경과 맞닥뜨린다면 누군들 놀라지 않았을까. 까무러치게 놀란 여인은 있는 힘을 다해 목청껏 소리쳤다.

"섬이 움직인다!"

여인은 천지가 개벽할 이 사달을 온 세상에 알리려고 했건만 섬은 언제 그랬냐는 듯 그 자리에 멈춰 서버렸다. 여인은 움직이던 섬이 멈춰버리자 황당무계한 말을 지껄인 거짓말쟁이가 될 줄 알았지만 그게 아니었다. 뒤늦게 몰려나온 사람들은 바다를 항해하는 섬을 볼 수는 없었다. 하지만 하루아침에 전에 없던 섬이 생겨난 기막힌 상황에 혀를 내둘렀다.

"세상에!"

"이게 꿈이야. 생시야. 섬이잖아."

"영험한 섬이로세. 이건 신이 우리에게 내려준 선물이야."

그리하여 이 섬은 살아 움직이며 바다를 항해하다 한림 앞바다에 자리 잡았으니 날아다니던 섬이라는 뜻의 비양도라는 이름을 얻었다. 사람들은 신령한 섬이라며 두고두고 이 사연을 전하기에 이르렀다.

물음표는 비양도의 전설 또한 설문대할망의 창조설화와 같은 궤도를 도는 이야기라고 여겼다. 이 전설을 두고 깊이 연구했던 학자들의 해석들이 물음표를 응원하고 있었다. 움직이는 섬 비양도와 그것을 최초로 발견했다는 여인의 이야기를 두고 학자들은 빨래하는 여인이 설문대의 변형이라는 해석을 내놓은 바 있다. 오랜 시간이 흐르며 설문대의 신성이 사위기를 거듭해 이름조차 없는 여인으로 쇠락했다는 것이다. 비양도를 발견할 때 여인이 하던 '빨래'는 설문대가 제주섬을 빚어낼 때 흙을 퍼 담았던 '치마'와 통한다는 모티프 해석이다.

물음표는 섬이 다시 움직이기를 기대하며 모래톱에 발 도장을 꾹꾹 찍었다. 말도 안 되는 공상에 이끌려 유령처럼 흐물흐물 걸음을 옮기던 중 생각지도 않은 풍경과 맞닥뜨렸다. 입이 쩍 벌어졌

금릉석물원의 설문대할망상

다. 영락없이 덜컥 멈춰 섰다는 비양도 신세가 되었다.

먹돌 가슴 땀 든 의장으로 여미고

물음표가 맞닥뜨린 곳은 제주의 현무암으로 빚어낸 조각들이 즐비한 만물상이었다. 얼핏 관광지처럼 보이는 곳에 '금릉석물원'이라는 간판이 내걸려 있었다. 어디에서도 볼 수 없었던 풍경에 홀린 물음표는 갖가지 석상들이 펼쳐내는 세상 속으로 빠져들었다. 제주 사람들의 전통적인 생활문화부터 전설과 민속의 다양한 요소들을 현무암으로 빚어낸 놀라운 작품들이 만물상을 빚어내고 있었다.

걸음걸음 하나씩 접하는 순간마다 전율이 일었다. 고색창연한 불교미술을 연상시키는 불상과 불교 설화를 테마로 삼은 조각상들이며 지루할 만하면 아주 해학적이고 현대적인 작품들이 줄을 이어서 놀랍기 그지없었다. 도대체 어떤 이의 손끝에서 이런 걸작들이 탄생했는지가 무척이나 궁금했다. 귀신에라도 홀린 듯이 석상들의 향연에 취해 본 것을 다시 보고 걸었던 길을 다시 걸었다.

"누굴까? 한 사람일까? 여럿일까? 가위손의 주인공 에드워드 같은 사람일까? 에드워드의 손은 나뭇가지를 자르는 가위였는데 이 놀라운 걸작들을 만든 사람의 손은 망치와 정은 아닐까?"

물음표는 석물원에서 나오는 길에 입구의 안내소로 향했다. 주차요금을 받던 젊은 여성은 다짜고짜 질문부터 던지는 물음표에게 상냥하게 대답했다.

"저희 시아버지세요."

"아! 놀랍습니다. 어르신을 뵐 수 있을까요?"

"지금은 안 계세요. 특별한 일 없으실 땐 오전에 작업장에 계세요."

"이렇게 대단하신 분이 제주에 계신 줄 미처 몰랐습니다."

며칠 뒤 물음표는 걸작의 창조주를 만날 작정으로 다시 금릉석물원을 찾았다. 여장을 꾸리기 전에 그 주인공에 대한 여러 가지 정보를 갈무리한 터라 1993년에 나라에서 지정하는 명장의 반열에 오른 장공익 선생이 그이라는 것은 파악했다. 오늘은 만날 수 있겠거니 싶어서 한달음에 달려갔지만 기대는 물거품이 되었다. 그 뒤로 틈날 때마다 거푸 찾아가던 어느 날 드디어 장공익 명장을 만났다.

칠순을 넘긴 노인은 아이처럼 작은 체구였고 얼굴 또한 동심 어린 표정을 담뿍 지닌 모습이었다. 때마침 돌가루를 흠뻑 뒤집어쓴 채 주먹만 한 돌하르방을 다듬고 있었다. 물음표가 조심스럽게 다가가 인사를 올리자 노인이 일손을 멈췄다. 그이는 수건을 탁탁 털고는 땀에 엉겨 붙은 돌가루를 닦으며 화답했다.

"내가 이거 아침부터 지금까지 세 시간째 만들고 있어. 이거 다

만들어서 토산품 가게에 납품하면 이천 원. 이 불더위에."

이렇게 명장을 만난 뒤 잊을 만하면 한 번씩 찾아들기 시작했다. 다시 어르신을 볼 수 있을까 기대하며 그곳에 들어선 어느 날이었다. 물음표는 여느 때처럼 석상들을 뜯어보며 명장 어르신의 작업장 가까이 다가가다 처음 보는 거대한 석상을 발견하고 얼음처럼 굳어버렸다. 그의 눈앞엔 족히 10미터는 되는 석상이 우뚝 서 있었다. 젖가슴을 드러낸 어머니의 가슴을 파고들며 젖을 먹는 아이들과 어울린 석상은 분명히 설문대할망이었다. 아니나 다를까. 물음표의 예측대로 여신 설문대와 그의 자식들을 빚어낸 신상(神像)이 맞았다. 신상은 높다란 제단 위에 자리했고, 그 밑에는 조그만 초가들이 옹기종기 붙어 앉아 마을의 풍경을 이루고 있었다.

물음표는 이 마을은 제주도일 테고 제단은 한라산이라고 풀이했다. 그 정상에서 온 섬을 품에 안은 설문대가 자신이 창조한 세상을 그윽하게 살펴보는 것이라고 그럴싸하게 해석했다. 나중에 알게 된 사실이지만 장공익 명장의 의도는 물음표와 조금 달랐다. 4·3의 광풍에 휩쓸려 영영 잃어버린 마을이 된 자신의 고향 한림읍 상대리 한산이왓과 그들을 보살피는 설문대를 빚어낸 것이었다.

물음표는 입이 다물어지지 않는 놀라운 걸작에 취해 여신의 제단 아래서 몇 시간을 눌러앉았다 일어섰다. 다시 한번 여신의 모습을 눈에 담으려고 고개를 드는 순간 또 하나의 의문과 마주쳤다. 여신의 젖가슴이 사람의 것과 달랐다. 아이들이 매달린 채 빨고 있는 양젖 가운데 하나가 더 있었던 것이다. 젖이 셋이라니? 명장은 무슨 꿍꿍이로 젖가슴을 저리 다듬었을까?

비성(非性), 혹은 범성(汎性)적 존재를 보다

물음표의 눈에 비친 여신은 어찌하여 젖가슴이 셋일까? 석물원의 비경에 취해 찾아든 관람객들의 오해를 살 만도 했지만 물음표는 부끄러운 줄 모르고 할망의 젖가슴을 어루만졌다.

"젖가슴이 셋이라. 도대체 어떤 의도일까?"

금릉석물원의 설문대할망상과 한산이왓

한참을 고민하던 물음표는 언젠가 읽었던 책의 한 구절을 떠올렸다.

"신성한 힘은 젠더를 넘어선 곳에 있다."

심리학자 시노다 볼린이 남긴 말이다. 우리가 상상하는 신은 때에 따라 여신 또는 남신의 모습으로 나타나지만 그것은 실상 드러나는 것일 뿐이라는 말이다. 물음표는 이 구절을 전지전능한 신은 남신이면서 여신이고, 여신이면서도 남신이라는 뜻으로 풀이했다. 남신이 제 몸으로 아이를 낳기도 하고 여신이 남신으로 변신하기도 한다. 여신과 남신의 양성을 모두 지닌 신도 수두룩한 것이 인류사 속의 신화다. 시노다 볼린은 신성에게 생물학적 성분별을 적용하는 것은 잘못된 해석이라고 봤다. 심지어 사람 또한 마찬가지여서 여성 속에 남성성이 있고 그와 반대로 남성 속에도 여성성이 있다고 말했다.

물음표는 젖가슴이 셋인 설문대를 빚어낸 장공익 명장의 혜안에 기염을 토했다. 명장께선 창조주의 본모습을 꿰뚫어 본 것 같았다. 팔십 평생 돌을 제 몸처럼 매만지며 거룩한 신성의 이치를 깨닫는 경지에 오른 셈이다. 종교의 사제처럼 구도자의 삶을 걸은 것도 아니고 학문에 매진하는 삶을 산 것도 아니다. 모든 사람이 생명이 없다고 여기는 돌 속에 영혼을 불어넣는 곡진한 삶이 이처럼 높은 경지로 이끈 것이다. 돌과 함께 살아온 그의 이력은 구도자의 것이었으며 빼어난 석학의 것이었다. 애오라지 돌 하나에서 신성과 만났고, 진실한 눈으로 젠더를 뛰어넘는 창조주의 모습을 탄생시켰다.

제주섬 곳곳에 오랜 세월 수많은 사람의 숨결과 입말에 오르내리며 신화와 전설의 공간으로 거듭난 설문대 전설지들이 있지만 이곳은 달랐다. 한 사람의 지극한 마음이 또 하나의 설문대 전설지를 탄생시켰으니까.

세상을 지으신 뒤에 ——————— 13.
권능을 버리다

꽃의 말에 답하기를

벚꽃 비가 내리는 날이다. 저 꽃비의 향연을 오롯이 전달할 수 있는 언어는 세상 어디에도 없다. 물음표는 벚꽃 비 쏟아지는 길에서 아찔한 꽃 멀미에 취해 구불구불한 하천 굽이로 접어드는 동안 잠시 모든 것을 잊어버렸다. 아름다움에 취했고, 아름다워서 슬픈 제주섬의 4월, 그 봄에 취했다. 하얀 벚꽃 비가 속삭였다.

"세상에 나보다 고운 건 없어. 하지만 봄이 나더러 그만 떠나라고 해서 속절없이 떨어지고 있어."

"그래, 지금 이 세상에 너희보다 고운 건 없어. 그래, 70년 전 그 봄에도 너처럼 고운 사람들이 돌아올 수 없는 곳으로 영영 떠났어. 봄에게 그만 떠나라고 재촉한 것도 아니었고, 봄을 밀어내려던 여름이 다그친 것도 아니었어. 싸늘한 쇳덩이가 뜨거운 불을 토하며 외쳤어."

"뭐라고 했는데?"

"탕! 탕탕! 탕탕탕탕탕!"

물음표는 벚꽃의 물음에 70여 년 전 곱디곱던 섬사람들을 죽음으로 내몰았던 자들의 야차 같은 살육을 그저 '탕'이라고만 대답했다. 사람이 아닌 자들의 언어란 것은 총성뿐이었으니까.

벚꽃 질펀한 4월 한천(漢川)의 풍경은 다른 어느 때보다 아름다워서 물음표는 족감석의 내력을 알고 난 뒤로 이때를 맞춰 냇길로 들어서곤 해왔다. 오늘 역시 벚꽃에 취해 족감석을 찾는 길인데 이곳에 접어들면 늘 그렇듯 아름다움은 잠깐일 뿐이고, 가슴 깊숙이 들어찼던 눈물이 흘러넘친다. 제주의 4월이어서 그렇다. 더구나 이 마을은 설문대할망께서 족두리만 남기고 종적을 감춘 이래 영겁의 세월이 흐른 뒤 무려 7년 7개월 동안 이어졌던 대학살의 발화점 아닌가.

잃어버린 마을 고지레와 족감석

때는 1947년이었다. 해방을 이루고 두 번째 맞은 이른 봄날 제주시 관덕정 광장에선 3·1절을 기념하는 행사가 열렸다. 당시 제주도민 30만여 명 중 3만 명이 구름 떼처럼 모여든 엄청난 집회였다.

이날 미군정은 기마경찰대로 하여금 집회 단속을 맡겼는데 이것이 화근이었다. 기마경찰의 말발굽에 어린아이가 밟히는 사고가 터졌다. 많은 사람들이 놀라 아이를 살폈지만 정작 기마경찰은 아무 일 없다는 듯이 유유히 말머리를 돌렸다. 성난 군중들이 항의가 이어졌고, 이를 진압하던 경찰대의 발포로 인해 여섯 명이 죽고 많은 부상자가 발생하는 끔찍한 참극이 벌어지고 말았다.

물음표를 비롯한 봄날로 이끄는 족감석의 마을, 오라동이 이날 희생당한 여섯 명 가운데 두 사람의 고향이다. 두 사람 중 허두용은 채 꽃도 피우지 못한 열여섯 살 나이에 총탄에 희생되었다. 이날의 사건으로 인해 온 섬이 규탄의 열기로 들끓어 3월 10일부터 크고 작은 가게부터 기업에 이르기까지 총파업에 돌입했다. 심지어는 공무원과 양심적인 경찰들까지 이에 합류했다. 이승만 정부는 제주 사람들의 이같은 호소를 받아들이기는커녕 오히려 체포와 구금, 고문 등의 강경 대응으로 일관해 사태를 악화시켰다.

참다못한 도민들의 고통은 이듬해 4월 3일 무장봉기를 촉발시키고 말았다. 이것이 바로 제주4·3이다. 소수의 좌익인사들이 주도한 무장봉기 선언이 일어나자 국방경비대 제9연대 김익렬 연대장은 걷잡을 수 없는 사태를 예감해 무장대 측에 협상을 제안했다. 그리하여 4월 28일에 유격대 사령관 김달삼과 김익렬은 극적인 평화협상을 이뤄냈다. 제주 사람이라면 누구나 안도감을 느끼며 모든

오라동 고지렛도의 설문대할망 족두리바위

사태가 평화적으로 해결되리라고 여겼는데 불과 사흘 뒤에 엄청난 일이 벌어지고 말았다. 5월 1일 무장대가 평화 협상을 깨고 민가를 습격하며 마을을 불태우는 사태가 발생한 것이다. 그날 무장대가 습격했다는 마을이 바로 설문대할망의 족감석이 있는 오라동의 연미 마을이다.

'오라리 방화사건'으로 알려진 5월 1일의 사태는 또 다른 진실을 숨기고 있었다. 무장대로 위장한 우익 청년단원들이 벌인 조작극이었던 것이다. 제주도에서 활동하는 좌익인사들을 궤멸시키기 위해 평화 협상을 깨뜨린 이 사태로 인해 제주섬은 무려 7년 7개월에 이르는 양민학살의 참극을 겪어야 했다.

섬 밖의 다른 세상과 잇는 다리 놓기를 중단하고 족두리만 남겨둔 채 사라진 설문대할망의 마을 오라동은 해묵은 신화만 감도는 마을이 아니다. 70여 년 전 수만 명의 목숨을 앗아간 참극의 첫 희생자와 실낱같이 남아있던 평화의 끈마저 잘려나간 제주4·3의 진원지였다.

물음표가 무던히도 찾아드는 족감석이 자리한 한천 계곡에도 '고지레'라고 불리던 마을이 있었다. 4·3 당시 오라동은 오라리로 불렸으며 1구와 2구로 나뉘어 있었다. 1구에는 모오동, 사평, 정실, 남세 마을이 있었다. 2구에는 연미, 고지레, 해산이, 어우눌, 선달벵듸, 웃동네 등 여러 마을이 오순도순 어울려 있었다. 4·3이 발발하고 토벌대의 초토화작전이 벌어지며 제주섬 중산간 마을들이 모조리 불길에 휩싸일 때 오라동에도 화마가 들이닥쳤다. 오라동 관내 여러 마을이 불에 탈 때 고지레 마을도 영영 사라지고 말았다. 마을 어귀 '고지렛도'에 족감석이 수문장처럼 버티고 있어서 평화롭기 그지없던 고지레 마을 열두 가구는 영영 잃어버린 마을이 되고 말았다. 멀리 떨어진 송당 마을에서는 설문대의 권능으로 피해를 덜 입었다는데 야속하게도 고지레 마을은 영영 사라지고 족감석만 남고 말았다.

냇물이 땅속으로 흐르는 연유에 대하여

족감석이 있는 한천은 제주섬의 여러 하천 중에서도 매우 길고 계곡이 깊어 4대 하천 중 한 곳으로 손꼽힌다. 길고 깊은 만큼 곳곳에 절경을 품고 있어서 예로부터 많은 사람이 찾아들던 곳이다. 한천의 절경 중에서도 단연 으뜸으로 알려진 곳은 '들렁귀'라고 부르는 곳이다. 한라산 높은 곳에서 발원해 바다를 향하는 계곡의 질주를 엄청나게 큰 바위가 가로막고 있는데 놀랍게도 바위의 밑부분이 뻥 뚫려 있다. 천연의 아치는 다른 세상으로 들어가는 마법의 관문처럼 보인다. 바위라기보다 절벽에 가까운 이 아치의 꼭대기에는 봄마다 철쭉꽃이 만발해 옛사람들은 신선의 세상으로 들어가는 문이라고 불러왔다. 오죽했으면 제주섬의 절경 열 곳을 추려낸 영주십경에도 '영구춘화(瀛邱春花)'라는 이름으로 등장할 정도다.

과거에는 지방관리들을 비롯해 제주로 유배 온 이들이 이 절경을 찾아와 시를 짓고 마애명을 남기기도 했다. 이들은 이곳이 신선의 세상으로 들어가는 어귀라며 '방선문(訪仙門)', '등영구(登瀛丘)' 등 그럴싸한 이름을 붙여놓았다. 판소리 열두 마당 중 하나인 배비장타령의 주인공 배비장이 제주기생 애랑의 미모에 반한 곳으로도 널리 알려져 있다.

워낙 절경을 자랑하는 명승지라 선녀가 목욕하던 곳이라는 이야기를 비롯해 수많은 에피소드가 수두룩하게 서려 있기도 하거니와 들렁귀는 물음표에게도 각별한 기억의 장소였다. 어린 시절 할머니가 설문대할망의 사연을 줄줄이 들려줄 때 족감석의 내력에 마침표를 찍으면 한천 줄기를 타고 계곡을 오르는 탐험가처럼 들렁귀로 화제를 이끌곤 했다. 봄날이면 들렁귀까지 올라가 철쭉꽃 구경에 흠뻑 취했던 할머니의 처녀 시절 이야기는 음력 이월이면 제주에 봄바람을 안고 날아든다는 영등할망까지 출연시켰다. 영등할망이 한라산 꽃놀이에 나설 때 이곳을 출입문 삼는댔다.

들렁귀 위쪽으로는 말 그대로 심산유곡이라 도대체 어떤 절경이 펼쳐져 있으며 어떤 생명들이 살고 있는지에 대해서는 크게 알려진 이야기가 없다. 들렁귀가 신선의 세상으로 들어서는 관문인 탓에 그 위쪽은 인간 세상이 아니라는 인식이 옛이야기에서조차 금단의 영역으로 여겨진 건 아닐까.

이와 반대로 들렁귀 아래쪽 세상은 인간의 세상이었으니 한천 계곡 곳곳에 많은 이야기가 서려 있다. 신의 가호를 절절하게 원했던 섬사람들은 한천 줄기의 천변에 자신들의 수호신이 머무는 신전을 수도 없이 만들어 지문이 닳도록 손 모아 기원하는 나날을 이어왔다. 지금은 대부분 사라지고 없지만 족감석 아래쪽으로 굽이지는 계곡에는 바위틈마다 촛불을 밝혀놓고 기도하는 저마다의 성소가 빼곡했었다고 한다. 주로 돼지를 기르는 사람들이 가축의 건강과 번식을 기원하는 곳이었다. 마을 노인들 말로는 수십 곳이 넘었다고 한다.

제주시 종합경기장이 건설되며 그 많던 신당들이 하루가 다르게 사위기 시작한 것이 끝내 모두 사라졌다. 물음표가 마을 곳곳을 돌며 알아본 결과 지금까지 남아있는 곳은 오라동의 본향당인 '방에왓내왓당' 단 한 곳뿐이다. 방에왓내왓당에는 부부신을 모시고 있는데 애초에는 한천을 사이에 두고 할망당과 하르방당이 마주 보고 있었다고 한다. 종합경기장이 들어서며 할망당이 헐리자 하르방당에 함께 모시게 되었다. 웃자란 팽나무를 지킴이 삼아 그 주위로 동그란 돌담을 두른 방에왓내왓당은 더는 찾아드는 사람이 없는지 들머리부터 잡초가 무성한 모습으로 그늘져 있었다.

생명을 낳는 어머니의 돌 앞에서

비행기가 없었다. 인터넷도 없었다. 비행기가 있었다면 삼백예순 날 내내 거칠게 몰아치는 바람이 잠시라도 숨죽이는 때를 기다려 목숨 건 뱃길에 나서지 않을 수 있었겠다. 신문이 있고 인터넷이 있고 스마트폰이 있었더라면 안방에 드러누워 바다 건너 모든 세상을 손바닥 위에 올려놓았으리라. 그러했기에 먼 옛날 섬사람들은 다른 세상과 이어진 다리를 간절히 원했다. 창조주와의 언약을 지키기 위해 온 섬의 명주란 명주는 다 떨어진 조각천까지 낱낱이 끌어모아 여신의 속치마를 지었다.

엉장메코지에서 다리를 만들던 설문대할망은 족두리를 벗어 한천 계곡에 잠시 놓아두고 속치마가 완성되었는지 굽어보았다. 안타깝게도 명주 한 통이 모자라 여신의 옷가지가 완성되지 않은 상태였다. 설문대는 새 치마를 얻지 못하리란 것을 깨닫고 한걸음에 오름 하나를 성큼 넘고 또 한걸음에 계곡 하나를 훌쩍 건너뛰며 한라산 깊은 곳으로 사라져버렸다. 인간 세상에 남겨놓은 것이라고는 설문대할망의 권능이 담긴 족두리 하나뿐이었다. 족두리는 어느 틈엔가 커다란 바위로 변신해 한천의 고지렛도에 덩그러니 남기에 이르렀다.

족감석에는 또 다른 사연도 깃들어 있다. 설문대할망 이야기에서 가장 많이 등장하는 빨래 모티프에 얽힌 이야기다. 엄청난 거구였던 설문대는 섬 곳곳으로 자리를 옮기며 빨래를 했는데 어느 날인가는 물장오리오름에 한 발을 걸치고 다른 한 발은 사라봉에 걸쳐서 제주시 산지천의 물을 퍼 올리는 중이었다. 이때 허리를 굽히다 그만 족두리가 벗겨져서 한천 계곡에 떨어진 것이 족감석으로 남게 되었다고 한다.

물음표는 다시 다리 이야기로 되돌아와 상실감에 빠졌을 옛사람들을 떠올렸다. 다리를 영영 얻지 못하게 된 섬사람들은 크게 낙심해 축 늘어졌지만 누군가 고지렛도에 설문대의 족두리가 남아있는 것을 발견하자 우르르 몰려들었다. 다리를 얻지 못했을뿐더러 자신들의 창조주조차 종적을 감춰 세상이 꺼지는 듯 낙담했지만 족두리가 남았다는 사실에 반색했다.

"다리는 못 얻었지만 이 족두리에 기도하면 다른 소원이라도 이루어지지 않을까?"

"그러게. 누가 알아. 덜컥 소원 하나가 이루어질지. 한번 해보세."

섬사람들은 족두리에 설문대할망의 영험이 깃들어 있으리라 믿어 하나둘 모여들었다. 과연 사람들의 기대대로 소원이 이루어지기 시작했다. 무엇보다 자식이 없는 사람들이 아기를 점지해 달라는 기도를 올리면 소원이 이루어졌다. 설문대할망의 족두리가 소원을 이루어준다는 소문이 널리 퍼지며 영험을 인정받기에 이르자 어떤 집안에서는 대대로 고사를 치르는 것도 마다하지 않았다. 소원을 빌던 사람들은 급기야 설문대의 족두리에 신성한 이름까지 새겨놓았다.

물음표는 옛사람들이 새겨놓았다는 소원의 흔적을 살폈다. 그들의 흔적이란 것이 이 바위에 새겨져 있다는데 꼼꼼히 살피다 보니 풍파에 닳아 흐릿해진 글귀가 눈에 들어왔다.

"경주 이○○ 혜보표 무술 족감석(慶州 李○○ 惠譜表 戊戌 族感石)"

경주 이씨 집안에서 족보를 마련하게 된 것에 감사하며 무술년에 족감석이란 글귀를 새겨놓은 것이다. 설문대할망의 영험을 받아 많은 자손이 태어나 족보까지 마련하게 되었다는 뜻인 듯했다. 이렇게 설문대할망의 족두리는 족감석이란 이름을 얻고 창조주의 상징으로 남기에 이르렀으니 다리는 얻지 못했지만 생명의 창조력을 구할 수 있게 된 것으로도 섬사람들은 흡족했을 듯하다.

물음표는 족감석의 표면에 음각된 글씨는 풍화로 인해 나날이 흐릿해지고 있지만 오라동 사람들의 신심이 여전하다는 사실에 마음이 놓였다.

"2007년이었나? 태풍 나리가 어찌나 강했는지 무게가 200톤도 넘는 족감석이 급류에 휩쓸려서 한 20~30미터쯤 떨어진 다리 아래까지 떠내려갔지. 마을 사람들이 제자리로 돌려놓으려고 100톤 무게를 들어 올리는 크레인으로 옮기려고 했는데 꿈쩍도 안 했어. 크레인 한 대가 더 들어서서 겨우 제자리로 옮겨놨어. 그래서 족감석이 200톤 정도 된다는 걸 알았지. 아무튼 제자리 찾으니까 마음이 놓여. 우리한텐 저 바위가 바로 설문대할망이야."

다끄네 솔덕바위는 ─────────── **14.**
어디로

사라진 성소를 찾아서

우·우·웅-. 몸이 울린다. 진동과 굉음이 뒤섞이며 날아오른다. 거세게 이륙하는 저 비행기의 굉음에 파묻혀 사라진 존재들이 지박령이 되어 살려달라고 아우성친다. 누구에게도 들리지 않는 소리다. 이미 소거된 지 숱한 시간이 지난 기억 너머의 소리니까.

물음표로 하여금 기억 너머의 이름들을 소환시키게 만든 건 '오리정'이라고 불리던 다끄네 마을의 한 귀퉁이였다. 오리정이란 곳이 있다는 사실은 몇 해 전 돌아가신 양 심방^(무당) 어르신의 말씀을 통해서 알게 되었다. 지금은 제주공항경비대가 들어서서 옛 자취를 전혀 찾아볼 수 없는 이곳이 제주목 관아에서 딱 5리가 되는 지점이랬다. 그래서 옛사람들이 이런 이름을 붙여놨다고 한다. 양 심방의 말에 의하면 오리정 그곳에는 커다란 바위 셋이 세모꼴의 대형을 이루며 서 있었다. 그 바위가 단단히 버티고 있던 시절을 겪은 사람들은 오리정의 이정표라고 여겼단다.

교통수단이 발달하지 않았던 시절 옛사람들은 말을 타거나 두 다리의 힘만으로 먼먼 길을 오고 가며 살았다. 그런 탓에 변변한 길도 없고 낯설기 짝이 없는 곳을 지나는 나그네를 위해 5리마다 이정표를 세워 떠나온 곳과 다다를 곳의 거리를 가늠할 수 있게 했다고 한다. 딱히 이정표를 세우지 못한 곳에는 특이한 지형지물로 대체했다. 다끄네 마을의 오리정에는 커다란 바위 세 덩어리가 이정표 역할을 하고 있었다.

양 심방은 다끄네 마을의 오리정에 담긴 이야기를 건네며 세 덩어리의 큰 바위들이 바로 설문대할망이 밥을 지으려고 솥을 앉혔던 솥덕 바위라고 알려줬다. 일제강점기에 군사비행장이 생기며 너른 평원에 자리했던 마을들이 사라질 때 함께 사라졌다고.

오늘날 제주의 관문으로 알려진 제주공항은 80여 년 전까지 정드르, 몰래물, 홀캐, 다끄네 등의 마을이 자리했던 제주시 서쪽의 너른 평야 지대였다. 곳곳에 오름이 많아 평지가 많은 않은 제주섬에도 넓기로 소문난 이곳은 '새과양'이라고도 불렸다. 하지만 20세기 들어서서 참혹한 수난을 거듭한 끝에 제주국제공항이 들어서며 그 오랜 역사는 활주로에 묻혀 송두리째 사라지고 말았다.

설문대할망 솔덕바위가 있었던 제주시 용담동 오리정길의 현재

노래로 남은 옛 마을의 기억

생전의 양 심방은 물음표에게 다끄네 솥덕 바위의 존재와 함께 그 일대에 두런두런 둘러앉았던 옛 마을들의 내력을 심방 특유의 사설에 담아 노래하듯이 엮어냈다.

○도두리

불다랑굿

고망다호

터럭몰레몰

○백개

세경너븐드르

젭시해안

콩 볶으는 광령

늬 귀 반듯 관덕정

벨이 송송 칠성굴

펭 벌럿다 산짓굴

쌍놈 낫다 검정목골

도두리부터 세경너븐드르까지는 불쑥 튀어나오거나 움푹 들어간 각 마을의 지형과 위치를 빗댄 육담에 가까운 레토릭이다. 공교롭게도 이 마을들은 제주공항이 생겨나며 사라졌거나 남아있더라도 옛 모습이 아닌 제주에서 가장 번화한 도심 중 한 곳이 되었다.

젭시 해안부터 검정목골까지는 마을의 문화적 특징까지 담겨 있다. 양 심방의 풀이에 따르면 먼 옛날 해안동 사람들은 접시에 밥을 담아 먹는 관습이 있어서 젭시 해안이란 별명을 붙였다고 한다. 광령리에서는 소를 치거나 농사짓는 사람들이 많아서 비 오는 날이면 일손을 멈추고 집에서 콩을 볶아 먹으며 휴식을 취했대서 이런 수사가 곁들여졌다. 목관아 일대는 네 귀가 칼끝의 예각처럼 번듯한 관덕정이 있어서 준엄한 나라 법을 상징하는 수사가 붙여졌다. 벨이 송송 칠성굴은 칠성로의 이름에 담긴 북두칠성의 내력이 반영되었다. '펭 벌렷다'는 병을 깨뜨렸다는 제주말이다. 지금의 산지천 광장 코앞까지 항구였던 시절 거친 뱃사람들이 술에 취해 싸움을 벌이기 일쑤였다는 일상이 반영된 수사다. 산지천 동쪽 기슭에 자리한 검정목골은 조선 시대에 검정 소의 가죽을 가공하던 곳이다. 소를 잡는 백정들이 모여 살아서 '쌍놈 낫다 검정목골'이라는 별명을 붙여놓았다고 한다.

양 심방은 이를 두고 '어주제'라고 말했다. 옛사람들은 지역의 지리와 문화 정보를 노랫말 같은 어주제에 담아 후대에 전수해왔다고 덧붙였다. 앞서 말한 대로 양 심방의 어주제 속 마을 중 어느 곳은 영영 사라졌고 남아있는 곳도 과거의 풍경을 상실한 지 오래다.

이런 사연을 입에 올리며 살았던 양 심방을 비롯한 이들도 세상을 떠났다. 이처럼 물음표가 겪는 멸실의 풍경은 가까이 있었다. 하나의 장소가 서서히 눈에서 사라지고 난 뒤 남아있던 기억이 그 뒤를 따라 함께 사라지는 망각의 속도는 너무나 빨랐다. 그 때문인지 물음표처럼 제주의 옛것을 탐구하는 이들의 삶은 생존투쟁의 하나처럼 여기게만 되었다.

비행을 위한 비극의 역사

1947년 4월 30일의 일이었다고 한다. 당시 미군정은 도내 언론을 통해 이와 같은 공고를 게재했다.

> 제주읍 용담리 서비행장은 목하 미군의 전용 중에 있어 장내 통행은 미군에 관계 있거나 비행기 탑승여객 등 특수사정에 있는 자에게만 한하며 무단통행이나 우마방목 등 범행자에 대해서는 단호히 엄벌한다.

미군정이 말하는 용담리 서비행장은 언제 어떤 이유로 생겨난 것일까? 물음표는 연대표를 따라 1941년으로 거슬러 올라갔다. 일제는 1941년 대륙침략을 획책하며 다끄네에서 몰래몰에 이르는 곳에 육군 항공대 비행장을 세우기 시작했다. 비행장 부지에 포함된 마을 사람들은 하루아침에 삶의 터전을 빼앗겼다. 정드르 마을의 경우는 120호에 이르는 큰 마을이었는데 비행장 부지의 한가운데에 자리했던 곳이라 모조리 쫓겨나며 완전히 사라졌다.

보상이라고 해봤자 몰래물 마을을 예로 들면 가호당 30전에서 60전에 이르는 헐값이었지만 집과 밭을 송두리째 빼앗길 수밖에 없었다. 그리하여 몰래물 사람들은 마을 섯동네 도두봉과 가까운 곳으로 모여들었으니 그곳이 오늘날의 '신사수동'이다. 몰래물에서 쫓겨난 노인들의 말로는 당시 서울에서 커피 한 잔 값이 10전이었다고 하니 기가 막힐 노릇이다.

강제로 쫓겨나며 가리산지리산 흩어지게 된 정드르 사람들은 오늘날 용담2동의 진터왓과 구한질 일대에 70여 호를 새로 짓고 '신정평동'과 '홍운동'을 만들어 정착하며 지금에 이르렀다. 그들은 망향의 슬픔을 달래려고 지척인 고향 마을 정드르를 무시로 쳐다보았겠지만 4·3의 참극으로 목숨을 잃은 무수한 주검 위로 날개를 퍼덕이는 까마귀 떼가 전부였던 것 같다.

그래도 해방과 4·3 사이에는 제주도 여느 마을이 그랬던 것처럼 새 나라 건설의 열망이 이곳에도 들끓었던 모양이다. 다끄네 마을도 환희로 들썩이며 1947년에 공회당까지 새로 지어 옛 터전을 다시 일궜다. 안타깝게도 이들의 꿈은 백일몽에 지나지 않았다. 6·25 전쟁이 발발하자 8만여 평에 이르는 농지를 포로수용소 부지로 재차 빼앗기는 지경에 이르고 말았다. 결국 코앞에 고향을 둔 채 실향민이 되는 말도 안 되는 신세가 되었다. 1958년 1월 30일에 이승만 대통령령으로 제주비행장 설치계획이 공표되며 실낱같은 희망마저 영영 사라졌다. 그리하여 1961년 12월에 역사적인 KAL 취항이 이루어지며 제주공항 시대가 열리게 되었다.

이후 제주공항은 1968년 4월 16일에 국제공항으로 승격했고 세 차례에 걸쳐 확장사업을 진행해 1979년에 이르러 현재와 비슷한 모습을 갖추게 되었다. 이 과정이 진행되는 동안 공항부지에 속한 마을들은 완전히 사라지거나 남아있어도 마을이 토막 나서 옛 모습을 잃었다. 고향을 잃고 흩어진 사람들이 1970년대에 '제성 마을', '신성 마을', '명신 마을', '동성 마을' 등 공항 가까운 곳에 정착촌을 만들었다. 이들은 오늘날까지 비행기 이착륙 굉음에 파묻혀 누구에게도 닿지 않는 망향가를 부르고 있다.

한편 공항을 에워싼 철조망 울타리가 쇠가시를 곤두세워도 고향을 등질 수 없다며 끝내 마을을 지키던 이들도 있었다. 다끄네와 다호 마을 등지의 주민들이었다. 끝내 이들도 마음과 다른 선택을 해야만 했다. 소음을 비롯한 각종 공해에 시달리다 못해 두 차례에 걸쳐 330여 세대가 다른 곳으로 이주해 고향을 떠났다.

그치지 못하는 망향의 노래

물음표가 찾고 싶었던 곳은 오리정, 그 오리정의 이정표였다는 설문대할망의 솥덕 바위였다. 그러나 솥덕 바위는 기화된 물방울처럼 흔적조차 없다. 사라진 것은 여신의 성소만이 아니었다. 마을들이 사라졌다. 사람들이 사라졌다. 제주공항을 에워싼 철망과 울타리 주변에 잔해처럼 남은 집터와 샘터가 이곳에 생명이 있었다는 사실을 힘겹게 증명하고 있다. 이 흔적들을 찾아 바삐 움직이던 물음표의 발은 폐허 앞에서 허공을 딛고 선 듯 스르르 풀려버렸다. 멸실 혹은 기화의 다음 순서가 자신은 아닐까 싶었던 모양이다.

물음표는 고향을 잃고 흩어진 뒤 사무친 그리움을 삭이지 못해 옛 터전에 생명이 있었다는 사실을 담은 존재 증명의 망향비 앞에 다다랐다. 옛 몰래물 마을의 초입이었던 물동산에 세워진 '몰래물 사적비'다. 사적비에는 고향을 빼앗긴 채 흩어져야만 했던 몰래물 사람들의 회한과 망향의 아픔이 뼈마디에 박힌 통곡처럼 새겨져 있었다.

물음표는 사적비 앞에서 사라진 마을의 이름들을 양 심방이 들려줬던 어주제에 담아 하나하나 열명했다. 두 번 다시 갈 수 없고 볼 수 없는 고향을 애타게 부르는 망향가에 한 곡조를 덧붙이며 다시금 떠올렸다.

"신이 사라진 곳에 인간이라고 살 수 있을까?"

설문대의 솥덕 바위가 사라졌다는 것은 그곳의 생명 또한 같은 운명의 길을 걸었다는 사실을 암시한다. 이렇게 하나둘씩 사라졌고 사라지고 있다. 물음표는 행랑에서 지도를 꺼내며 불안한 미래를 짐작했다.

"다음은 누구의 차례일까? 내 차례일까?"

그의 손은 다끄네 오리정의 위치를 탐색해 빨간색의 물음표 하나를 그려 넣었다. 지도 위의 다른 전설지와 달리 흔적조차 사라진 다끄네 솥덕 바위는 지도 위의 의문부호로만 남게 되었다. 머지않아 지도 위에 빨간 의문부호가 빼곡해질지도 모르겠다는 불안감이 짙어졌다. 물음표의 눈가에 불안의 그림자가 드리우는 사이 굉음이 지축을 흔들었다. 어마어마한 쇳덩이가 하늘로 날아오르는 소리였다. 비행기는 무시무시한 괴물의 날개를 펼쳤다.

"주인님, 저것은 거인이 아니라 풍차입니다."

산초 판자는 보지 못했을까? 창을 야무지게 겨누고 로시난테에 박차를 가하는 돈키호테의 눈가에 드리웠을 불안 가득한 그림자를.

바다와 산이 만나는 곳에서

음력 이월 영등달, 겨울과 봄이 자리를 바꾸는 계절의 바람치곤 제법 따사로웠다. 겨울이 봄에게 너그럽게 자리를 내준 모양이다. 산방산을 병풍 삼아 바다를 향해 품을 벌린 사계 포구는 햇살마저 따사로워 봄을 만끽하기에 더없이 좋았다. 포구에 정박한 배들은 저마다 오색 풍어기를 내걸어 바람할머니를 환대하고 있었다.

바람할머니라. 음력 이월이면 봄을 일깨워 바람으로 제주섬에 날아든다는 영등신을 이르는 말이었다. 마파람, 샛바람, 갈바람, 하늬바람 등 계절풍이 있는가 하면 시시때때로 불어오는 바람이며, 지형에 따라 생겨나는 지역풍까지 바람의 종류가 무려 70~80가지에 이른다. 그 때문인지 바람을 일으키는 영등신도 하나가 아닌 일단의 무리였다. '영등대왕, 영등부인, 영등아미, 영등도령, 영등이방, 영등형방, 영등별감, 영등좌수, 영등우장, 영등서방' 등 물음표로서는 이 많은 신의 이름을 이루 다 헤아리기조차 어려웠다.

물음표와 달리 심방은 그렇게 많다는 영등신들을 실타래 풀 듯 줄줄이 호명했다. 따사로운 봄날 사계리 포구까지 찾아든 물음표는 영등신을 청하는 심방의 노래에 흠뻑 취해 굿판 한구석에 똬리를 틀었다. 오늘이 바로 사계리 잠수굿을 벌이는 날이다. 춤추고 노래하고 울고 웃기를 거듭하며 진종일 이어진 해녀들의 굿판이 무르익어 대단원의 막을 내릴 때가 다가왔다.

짚으로 만든 조그만 배에 색색의 과일이며 술에다 떡까지 가득 실었다. 이 짚배를 배에 싣고 먼바다로 나가 파도에 띄워 머나먼 신들의 세상으로 보낼 작정이다. 인심 좋은 심방 덕분에 물음표도 짚배를 떠나보내는 뱃전의 한 자리를 차지했다. 가까이 형제섬이 보이고 그 너머로는 가파도와 마라도가 파도와 키를 맞춰 납작 엎드린 절경이 펼쳐진 바다다. 물음표의 입에서 절로 탄성이 터져 나왔다. 짚배를 파도 위에 내려 앉힌 해녀들은 뒤집히지 않고 잘 떠가는지 확인하며 누가 먼저랄 것 없이 두 손을 모아 머리를 조아렸다. 간절한 기원 덕분인지 짚배는 노련한 서퍼처럼 물이랑을 타고 넘었다.

짚배가 멀어지자 해녀들은 이물에서 고물 쪽으로 자리를 옮겼다. 흰 종이에 쌀과 동전, 삶은 달걀을 으깨어 넣더니 주먹밥 뭉치처럼 둘둘 말아 파도 위로 힘껏 내던지기 시작했다. 뭉치를 내던질 때마다 해녀들의 입에서 주문 같은 기도가 흘러나왔다.

"요왕지 드립니다. 선앙지 드립니다. 영혼지 드립니다."

심방에게 물었더니 '지'라는 것은 바다의 신들에게 바치는 제물 중 하나란다. 요왕지는 바닷속의 용왕신, 선앙지는 배를 지켜주는 선왕신, 영혼지는 바다에서 목숨을 잃은 영혼들에게 바치는 것이라는 친절한 설명을 얻었다. 물음표는 심방의 살뜰한 해설에 귀 기울이다 하나같이 산방산을 향해 합장하는 해녀들을 보고 재차 질문했다.

"바닷일하는 분들이 어째서 산방산을 향해 기도하는 거죠?"

"산에도 신령이 있잖습니까. 바다 가까이 있어 마을을 지켜주는 산이라서 해녀들이 물질할 때 안전을 구하려고 비는 거죠. 더욱이 저 산방산은 산방덕의 화신이라 영험하기로 소문났잖아요."

산방덕이라는 이름을 듣는 순간 물음표의 눈앞에 산방산 중턱을 향해 가파른 계단을 오르는 어린아이가 어른거렸다.

산은 여인의 육신이었으니

해무가 짙게 깔린 이른 아침이었다. 아이들은 한 반씩 담임선생님을 따라 무리 지어 가파른 계단을 오르기 시작했다. 1박 2일 제주도 일주 수학여행은 그 시절 제주의 아이들에겐 첫 여행이나 다름없는 것이었다. 일주도로를 따라 섬을 에둘러 돌며 소문난 관광지를 차례로 보고 나면 저녁나절이었다. 서귀포의 큰 여관에서 잠 못 드는 열광의 밤을 지새우고 고양이 세수로 단장한 뒤 둘째 날 첫 행선지로 찾아간 곳이 산방산이었다. 산방산을 향하는 전세버스에서 담임선생님은 설문대할망을 소환해 산방산이 생겨난 연유를 맛깔스럽게 해설했다.

"제주도를 만든 게 누구라고?"

"설문대할망요."

"그래, 설문대할망이 제주도를 만들고 한가운데 한라산을 높이 세웠어. 근데 세워놓고 보니 산이 너무 높아서 하늘나라의 은하수까지 닿는 거야. 자칫하면 옥황상제의 엉덩이라도 찌를 기세였지. 설문대할망이 아니다 싶었던지 산꼭대기를 손으로 움푹 떠서 휙 하고 내던진 것이 멀리 날아와 앉아서 산방산이 된 거야. 그래서 산방산을 백록담에 끼워 맞추면 정확하게 맞아떨어진다고 해요."

아이들의 눈에도 설문대할망이 빚어낸 걸작이 아름다웠는지 길고 긴 계단 길을 오르면서도 연신 고개를 돌려가며 주위의 경관에 감탄사를 쏟아냈다. 이렇게 큰 산을 손으로 쑥 뽑아 던졌다면 로봇 태권브이보다 크겠느니 작겠느니 옥신각신 재잘거리며 계단을 오르는 사이 어느새 목적지에 도착했는지 담임선생님이 손을 높이

사계리 잠수굿에서 산방산을 향해 기원하는 해녀

들었다. 치켜든 선생님의 손 뒤로 커다란 소나무와 그 소나무를 단번에 집어삼킬 듯한 기세로 아가리를 벌린 커다란 굴이 보였다. 산방굴사였다.

신비한 동굴 속으로 빨려 들어간 아이들의 눈앞에 커다란 불상과 제단, 그리고 샘 하나가 나타났다. 아이들은 동굴 속에 설문대할망이 있다거나 그도 아니면 마법사라도 있을까 싶었는데 절에서나 보는 풍경이어서 이내 실망한 나머지 웅성거리며 푸념을 털어놓기 시작했다. 담임선생님은 예상이라도 한 것처럼 미소를 머금더니 아이들의 실망감을 지우려고 작심한 듯 옥타브를 높였다.

"자, 주목!"

동굴 안이 선생님 목소리로 웅웅거리자 아이들이 한군데로 눈을 모았다.

"여러분, 저기 샘 보이지?"

"네."

"동굴 벽에서 가늘게 흘러내리는 물줄기도 보이지? 저게 뭔지 알아?"

"뭔데요?"

"산방덕의 눈물이야. 산방덕이란 여인이 산방산의 바위로 변신해서 흘리는 눈물이 고여 저 샘이 된 거야."

마치 엊그제만 같은 추억 속의 수학여행에 빠져든 물음표는 뱃

머리가 선창으로 들어설 때까지 산방산에서 눈을 떼지 않았다. 저 산으로 변신했다는 여인 산방덕의 사연도 파노라마처럼 이어졌다.

전설에 따르면 산방덕은 엄청난 미모의 여인이었다. 산방산의 동굴 속에서 솟아났다는 사연도 미모만큼이나 신비로웠다. 산방덕에게는 낭군이 있었으니 겨드랑이에 날개가 돋친 사냥꾼 고성목이었다. 영웅의 기상을 타고난 인물이라 한번 사냥에 나서면 수십 마리의 동물을 잡는 기염을 토하곤 했다. 그 덕에 엄청난 부자로도 널리 알려졌는데 소문을 들은 고을 사또가 그의 실체를 보려고 찾아왔다가 부인인 산방덕의 미모에 홀딱 반하고 말았다. 그날부터 사또는 산방덕을 취하려고 온갖 흉계를 꾸며 고성목과 갈라놓으려 나섰다. 여러 구실을 대며 고성목에게 어려운 임무를 맡겼다. 제주 목사가 행차하는 길에 담배 씨앗을 가져다 석 자 두께로 메우라는 명을 내리는가 하면, 하룻밤 사이에 관속들의 짚신 백 켤레를 삼으라고 으름장을 놓았다. 고성목은 열두 가지 과제를 척척 해낸 헤라클레스 못지않게 모든 일을 쉽게 해결했다. 사또는 번번이 낭패를 치르게 되자 아예 거짓 죄를 씌워버렸다. 역적 모의를 했다는 모함이었다. 결국 고성목은 모진 고문을 당하다 목숨을 잃고 말았다. 고성목이 죽자 산방덕은 자신이 태어난 동굴 속으로 들어가고는 바위로 변신해 두 번 다시 세상 밖으로 나오지 않았다. 산방굴 속 샘으로 스며드는 물은 사시사철 마르지 않는데 고성목을 그리워하는 산방덕의 눈물이라고 한다. 동굴이 산방덕의 변신이라고 말하는 이들이 있는가 하면 산방산 자체라는 이도 있고, 산줄기로 따라 바다로 뻗어내린 용머리의 바위 하나가 여인의 화신이라고 말하는 이들도 있다.

자연은 살아있는 존재였다

물음표는 사계 포구 테트라포드 하나를 안락의자 삼아 걸터앉아 파도 위에 산방덕과 영등신, 그리고 설문대할망을 차례로 늘어놓고 생각에 잠겼다. 산방덕은 산의 변신이라고 여겨왔다. 바람 많기로 소문난 제주섬, 이 섬사람들은 모든 바람이 살아있는 존재라고 여겨 하나하나 이름을 붙여 영등신의 군단을 엮어냈다. 세상에 존재하는 자연물은 물론 그것들이 빚어내는 자연현상이 모두 살아있는 생명이라고 여겼다. 자연을 살아있는 생명으로 인식하는 태도는 그것에 정령이 깃들어 있다는 데까지 이르러 1만8천이나 되는 신들의 이야기로 되살아났다. 다시 말하면 자연을 의인화하는 세계관인 셈이다.

그렇다면 설문대는 어떤가? 제주섬은 할망께서 창조한 피조물이라고 전설은 말한다. 그런데 다른 한편으로 생각해보면 어떨까? 물장오리오름의 산정호수에 빠져 영영 돌아오지 않게 되었다는 슬픈 전설은 설문대가 자신이 창조한 제주섬에 깃들어 자신의 육신과 하나로 만든 것에 대한 은유가 아닐까? 산방덕이 산방굴 속으로 들어가 산으로 화한 것처럼. 물음표는 제주섬이 설문대할망의 육신이라는 착상에 이르자 내쳐 한 걸음 더 나아갔다.

"만약에 말이야. 설문대할망의 육신이 제주섬이라면 영혼도 깃들어 있을까? 어쩌면 물장오리의 산정호수로 빨려든 뒤 영혼은 다른 세상으로 가지 않았을까? 눈에 보이지 않지만 세상 모든 곳을 휘휘 감돌아드는 저 바람처럼 섬을 떠난 건 아닐까? 설문대의 영혼은 바람이 되었겠지. 바람이 되어 일 년 삼백예순 날 중 열한 달은 세상 다른 곳에 봄을 선물하고 음력 이월이 오면 제 육신을 찾아 제주섬으로 돌아오는 거야. 영등이라는 이름의 영혼으로 말이야. 이월 한 달 몸을 되찾아 제주섬에 봄을 일으키는 거야."

누군가에게 털어놓으면 꿈보다 해몽이란 대답이 되돌아오기 마련이겠지만 그는 자신의 결론을 철석같이 믿기로 다짐했다. 영등달은 설문대할망의 영혼과 육신이 만나는 계절이라고.

남쪽 바다 그 파란 섬 새빨간 이야기

제주섬은 누가 보아도 아름답다. 제주섬은 어떤 곳을 막론하고 아름답다. 물음표의 눈에도 제주섬 모든 곳이 아름답게 보였다. 그 아름다움에도 차이가 있어서 모든 곳이 저마다 다른 환상으로 다가와 더욱 황홀했다. 한라산 북쪽에서 태어나고 자란 물음표는 하늘에 닿는 저 산 너머 남쪽 풍광과 만날 때면 다른 곳에서는 느끼지 못한 또 다른 아름다움에 매료됐다. 그는 한라산 남쪽 서귀포의 남다른 아름다움을 '애수'라는 두 글자에 담곤 했다. 그에게 서귀포의 애수를 선물하는 절경의 주인공은 태평양을 향해 찰랑거리는 파도 위에 둥실 떠 있는 작은 섬들이었다.

서귀포 앞바다에는 여러 개의 섬이 있다. 이 중에서 서귀포 도심

가까이 있는 섬은 섶섬, 문섬, 범섬, 새섬, 찌꾸섬 정도다. 물음표는 이들 가운데 섶섬을 가장 많이 만나왔다. 그가 태어나지도 않은 곳인데 할아버지가 나고 자랐다는 이유로 고향이 된 마을 앞바다에 있어서. 실제 출생지와 헷갈리는 마을이 고향이 된 건 오히려 큰 기쁨이었다. 저 섬 섶섬 하나로 말이다.

설날이나 추석 때면 친척들과 명절을 쇠러 찾아드는 보목 마을의 바다는 섶섬이 전부라고 해도 지나치지 않았다. 설문대할망이 뾰족한 산 하나를 바다 위에 올려놓은 것처럼 섶섬은 어린 날 물음표에게 첫 번째 섬이었다. 제주가 섬이라지만 그 실체를 송두리째 볼 수 없었던 탓에 전신을 한눈에 보여주는 섶섬이야말로 진짜 섬다웠으며 신비로웠다. 어린 물음표에 섬이란 것의 실체를 각성시킨 존재가 섶섬이다 보니 정작 설문대할망의 전설과 잇닿은 섬들을 곁에 두고도 이 섬의 중력에 끌려오기 일쑤였다.

물론 섶섬에도 전설이 없지 않았다. 어린 날 할머니가 들려줬던 섶섬의 빨간 뱀 이야기는 어린 왕자의 보아뱀 못지않은 신비한 이야기였다. 옛 전설에 따르면 섶섬에는 귀가 돋친 새빨간 뱀이 살고 있었다고 한다. 뱀이라기보다 이무기에 가까웠던 녀석에겐 간절한 소원이 한 가지 있었다. 용이 되어 하늘로 승천하는 것. 빨간 뱀은 음력으로 매달 초하룻날 여드렛날이 오면 용왕님께 용이 되게 해달라고 빌고 또 빌었다. 간절한 기원이 애틋했던지 용왕은 섶섬과 찌꾸섬의 바닷속 어딘가에 숨겨진 야광주를 찾아내면 용이 될수 있다고 일러줬다. 그날부터 식음을 전폐하고 오로지 야광주 찾기에만 매달렸다. 하루 이틀도 아니고 한 달 두 달도 아닌 긴 시간이 속절없이 흐르는 사이 야윌 대로 야윈 뱀은 끝내 백 년째 되던 어느 날 숨지고 말았다. 그 뒤로 보목 마을에 비바람이 몰아치려면 그보다 앞서 섶섬 봉우리에 안개가 서리게 되었다. 마을 사람들은 자욱한 안개가 빨간 뱀의 눈물이라고 여겼다. 궂은 날씨는 용이 되지 못한 슬픈 짐승의 한이라며 매달 여드렛날이면 제사를 올리게 되었다. 이 마을 사람들은 제주도 여러 마을에 있는 여드렛당이 보목에서 기원했다고도 말한다.

어느 섬에나 전설은 있었다

물음표는 보목 마을에서도 섶섬이 가장 아름답게 보인다는 연대기 바닷가로 갔다. 그곳에만 서면 해묵은 버릇처럼 설문대할망을 종종 잊곤 했다. 할망뿐 아니라 모든 것을 다 잊은 채 넋 놓고 앉았다가 뒤늦게 정신을 차렸다. 그제야 섶섬에게만 온 마음을 내주어도 투정 한 번 부리지 않는 작은 섬이 눈에 들어왔다. 섶섬 왼쪽으로 수평선과 같은 높이로 납작 엎드린 낮은 섬 찌꾸섬이다. 자칫 파도가 성화를 부리면 물속으로 가라앉을 것처럼 평평한 찌꾸섬에는 설문대의 사연이 서려 있었다. 거구의 설문대할망이 한라산 백록담을 방석 삼아 깔고 앉아 한 발은 제주시 북쪽 바다의 관탈섬에 걸치고 또 다른 발은 찌꾸섬에 걸치고 빨래를 했다고 한다. 워낙 큰 할망이라 자세를 조금만 바꿔도 우도에 걸쳤던 발이 관탈섬에 닿거나 아니면 찌꾸섬에 닿았던 모양이다.

섶섬과 지척인 섬은 찌꾸섬 말고도 있었다. 서귀포항의 새섬부터 문섬, 범섬이 섶섬과 가까운 벗들이었다. 이들 중 문섬과 범섬에도 섶섬과 찌꾸섬에 버금가는 전설이 깃들어 있었다. 문섬과 범섬이 생겨난 사연은 산방산이 백록담에서 떨어져 나가게 만들었다는 사냥꾼의 이야기와 비슷했다. 빼어난 사냥술을 지닌 사냥꾼 하나가 엄청나게 큰 활을 들고 한라산을 이 잡듯이 헤집어 다니며 사냥감을 쫓다가 한라산 꼭대기까지 올라갔다. 사냥꾼은 사냥감에만 집중하던 와중이라 커다란 활집이 구름을 뚫고 올라가 하늘까지 들이쑤시는 줄은 꿈에도 몰랐다. 활집이 그만 옥황상제의 배를 건드리고 만 것이다. 진노한 옥황상제가 거대한 손을 뻗어 한라산 봉우리를 쑥 뽑아 들고는 멀리 내던져버렸다. 멀리 날아간 봉우리는 서귀포 앞바다에 떨어지며 두 쪽으로 동강 났다. 그리하여 하나는 문섬이 되고 나머지 하나는 범섬이 되었다.

전설이란 것은 입에서 입으로 전해지는 사이 줄어들고 늘어나기를 거듭하며 마침내는 전혀 다른 여러 버전으로 만발해지기 마련이다. 한라산 봉우리 하나를 놓고도 옥황상제가 내던진 바람에 산방산이 됐다느니 문섬과 범섬이 됐다느니 하는 이야기들은 그렇게 만들어졌다. 그뿐인가. 설문대할망이 남편의 죽음에 통곡하다 산봉우리를 뽑아 던졌다거나 너무 도드라지게 높아서 낮추려고 들어낸 것이 바다에 떨어져서 문섬과 범섬이 되었다는 이야기까지 있었다. 전설은 아메바처럼 끝도 없이 모습을 바꾸는 변신의 귀재라고 할 만하다.

범섬의 이력서에는 전설의 칸 말고도 다른 칸이 있었다. 역사시대의 참혹한 학살이다. 그 때문일까? 호랑이를 닮아서 범섬이란 이름이 붙었다는데 아무리 뜯어봐도 맹수의 위용이 전혀 비치지 않았다. 오히려 참혹한 역사 속의 한 서린 아우성만 파도에 실려 와 귓전을 쟁쟁 두드렸다.

대학살은 범섬의 기억으로 남아

범섬이 처참한 학살을 피하지 못한 환란은 800여 년을 거슬러 올라간 고려 시대의 일이다. 13세기경 고려는 거대제국 원나라와 기나긴 전쟁을 치러야 했다. 최후의 보루로 남은 강화도에서 질기게 버텼지만 끝내 그들의 상대가 되지 못하고 항복하고 말았다. 이때 항복선언에 불복한 무인들이 있었으니 삼별초였다. 삼별초는 진도를 거쳐 제주까지 거점을 옮기며 항전을 이어갔다. 제주시 애월읍 고성리에는 삼별초를 이끌던 장수 김통정이 주도해 쌓은 항파두리 토성이 지금도 남아있다.

삼별초의 결사항전은 패배로 결말 났다. 원나라는 제주를 전투마 생산기지로 삼겠다는 야심을 품고 탐라총관부를 설치해 자신들의 직할령으로 삼았다. 고려의 왕을 부마로 삼아 간접 통치를 한 것과는 다른 직접 통치였다. 이렇게 시작된 원나라의 통치는 80년 넘게 이어졌다.

흥망성쇠라는 역사의 법칙은 천하의 원나라라고 한들 피할 수 없었다. 14세기에 이르러 원나라는 쇠락했고 사실상 명나라가 패권을 쥐게 되었다. 이때부터 고려 조정은 원나라가 아닌 명나라의 간섭을 받게 되었다. 제주섬이 피로 물드는 학살을 예정한 핏빛 역사의 기류였다.

명나라에서 고려 조정에 제주의 전투마를 자신들에게 진상하라는 압박을 가했다. 고려 조정은 이에 응할 수밖에 없었는데 당시 제주에는 원나라 세력들인 목호들이 여전히 단단한 아성을 구축하고 있었다. 목호들로서야 자신들의 적인 명나라에 전투마를 보낼 수 없지 않은가. 결국 그들은 반기를 들고 난리를 일으켰다. 이 사건을 '목호의 난'이라고 한다.

난리가 터지자 공민왕은 당대의 명장 최영에게 진압하라 명한다. 최영은 2만5천여 명의 군사를 이끌고 제주로 진입했다. 결과는 최영의 승리로 끝나 고려 조정은 쾌재를 불렀지만 제주섬은 통곡으로 가득 찼다. 최영의 군사들이 원나라 목호들을 진압한다는 명분으로 수많은 양민을 학살한 것이다. 역사학자들의 추정으로는 30만 인구 중에 최소 3만여 명의 양민이 학살당한 4·3과 견주었을 때 목호의 난이 인구대비 희생자 비율이 더 높다. 변방의 작은 섬인 탓에 수많은 전쟁과 학살의 희생양 신세에서 벗어나지 못한 제주를 일러 '원악도(遠惡島)'라고 부르는 데는 이런 이유들이 잠복해 있어서다.

물음표가 범섬을 앞에 두고 목호의 난을 들먹인 이유는 무엇일까? 바로 이 섬이 목호의 난 최후의 격전지였기 때문이다. 목호들은 퇴각을 거듭해 결국 범섬까지 숨어들었다. 최영은 범섬과 가까운 법환 마을 포구에 진지를 구축해 40척의 배를 동원해 토벌에 나섰다. 전설에 따르면 이 배들을 쇠사슬로 이어서 다리처럼 만들었다. 최영이 배다리를 놓았다는 법환 마을 바닷가에는 '배연줄이'라는 이름이 붙여졌다. 배연줄이는 배를 이어놓았다는 뜻이라고 한다. 또한 법환 마을에는 커다란 '최영장군승전비'가 세워져 있는데 보무도 당당한 그 위용이 압도적이다.

물음표의 느낌은 최영의 전공과 엇갈렸는지 승전비 앞에서 씁쓸한 표정을 드러냈다. 만고의 충신이며 명장으로 알려진 최영이라는 인물의 그림자에 가려진 제주 백성들의 죽음 때문이었다. 목호들을 토벌한다는 명분 아래 수많은 양민이 학살되었는데 그들의 희생을 애도하는 모뉴먼트는 어디에도 없으니 씁쓸하지 않겠는가. 더욱이 목호의 난 마지막 격전지인 범섬은 주민들의 반대에도 아랑곳하지 않고 제주해군기지가 건설된 강정마을 앞바다에 있었다. 이처럼 범섬에게 목호의 난과 제주해군기지는 역사의 데칼코마니였다.

"범섬아, 너는 어떤 운명을 타고났길래 이런 고통이 거듭되는 것이냐?"

범섬의 고통은 곧 해군기지 건설로 내몰리고 쫓겨난 강정 마을 주민들의 고통이다. 범섬을 바라보며 굽이치던 용암이 바다와 만나 그대로 굳어버린 용암대지 구럼비 위로 콘크리트가 쏟아졌다. 콘크리트 감옥에 갇혀 군홧발에 짓눌리는 구럼비의 수난은 범섬이라고 다르지 않다. 범섬의 수중세계는 세계 어느 곳에서도 보기 힘든 연산호 군락지로 유네스코가 지정한 생물권보전지역이기도 했다. 그러나 해군기지가 들어서고 군함들이 쉴 새 없이 드나드는 사이 크게 오염되어 용궁의 비경을 연출하던 연산호들이 나날이 멸종을 향해 죽음의 유영을 하고 있다.

산을 베고 누워 섬에 지문을 새기노라

물마루 위에 평온하게 앉아있는 범섬, 저 섬은 아름다워서 서글 펐다. 먼 옛날 신화의 시대 설문대가 저 섬을 지을 때도 평온했을

터다. 하지만 그 시절의 평온과 오늘 물음표의 눈에 비친 범섬의 그것은 겉모습만 닮았을 뿐 그 속은 겉과는 다른 무엇으로 가득 차 있으리라.

지울 수만 있다면 역사의 모든 페이지를 고쳐 쓰고 싶은 마음이 굴뚝 같았지만 그러지 못한다는 것이 한탄스러웠다. 물음표는 피로 물든 제주섬의 역사를 잠시라도 잊고 싶었는지 생각의 키를 설문대 쪽으로 고쳐 잡았다.

전해오는 이야기에 따르면 설문대할망은 한라산을 베고 누워 단잠에 빠져드는 것을 즐겼다. 이때 한쪽 발은 한라산 북쪽 바다의 관탈섬에 올려놓고 다른 한 발은 반대편인 범섬에 걸쳤다고 한다. 그렇게 깊은 잠에 빠져 몸을 뒤척이다가 살짝 발길질을 하는 바람에 발가락이 범섬 절벽에 구멍을 내버렸다. 범섬 남쪽 사면에 나란히 뚫린 해식동굴이 있는데 설문대할망의 발가락 자국이라고 한다.

다른 이야기도 있다. 설문대가 서귀포의 오름 중에 가장 높고 큰 것으로 알려진 고근산을 깔고 앉아 서귀포 앞바다에 발을 담가 탁족을 하며 물장구를 쳤다. 그러던 중에 발가락이 범섬에 닿아 해식동굴 한 쌍이 생겨났다는 전설이 그것이다. 섬의 창조주는 그렇게 자신의 발 도장을 범섬에 새겼다.

아득히 먼 옛날 설문대가 범섬에 창조의 지문을 남기던 시절에는 세상 모든 것이 평화로웠을까? 우리의 시절은 왜 그렇지 않은 가? 창조주의 저주일까? 설문대의 뜻을 거역해서 죗값을 치르는 것일까? 저 물마루를 떠나지 않고 모든 것을 지켜본 범섬은 알고 있을까? 알고 있다면 들려 달라고 애원하고 싶다. 아니, 들려주는 데 못 듣는 것인지도 모른다.

설문대할망의 발가락 자국이 남긴 해식동굴

물이랑 속에 또 한 섬을 만드시니

한번 발을 딛게 되면 영영 빠져나오기 싫은 섬, 떠나오자마자 이
내 다시 찾게 되는 섬, 우도는 그런 섬이다. 세상 사람들이 힘겨운
현실에서 벗어나 먼 곳으로 가고 싶은 충동을 느낄 때 그만인 영혼
의 안식처다. 2000년대 들어서며 난개발의 복마전이 일어나기 전,
20세기의 우도는 그림 속에서도 보기 힘든 절경을 품은 초현실적
인 섬이었다. 물론 지금도 그 아름다움에 감탄사를 연발할 절경이
지만 지난 세기의 우도를 사무치게 사랑했던 물음표의 눈에는 안
타까움이 실루엣처럼 뒤덮이는 풍경이다.

출항을 알리는 경적과 함께 도항선이 성산항을 빠져나갈 때가
되면 물음표의 귀소본능은 뱃고물로 그를 이끈다. 잠시만 기다리

면 일출봉이 전신을 드러낼 테니까. 때때로 카메라 셔터를 누르기도 하지만 그냥 바라보는 것이 더없이 좋았다. 물음표의 눈길을 부여잡는 것은 일출봉보다는 그보다 한발 앞서 나앉은 삼각뿔 모양의 조그만 바위섬이었다. 이 일대 토박이들은 일출봉을 청산이라 불러왔고, 저 바위섬은 아기처럼 딸려 있다고 해서 새끼청산이라는 이름을 붙여놓았다.

제주 본섬의 신양리쯤부터 동쪽 방면에서 일출봉과 찰싹 붙어 있는 새끼청산을 볼 수 있다. 둘이 살짝 떨어져 있는 모습은 우도를 오가는 도항선에서라야 제대로 볼 수 있었다. 물음표는 작고 보

우도 전경

잘것없지만 새끼청산도 어엿한 섬이라는 사실을 재확인하고서야 우도 쪽으로 고개를 돌리는 루틴을 정확히 수행했다. 어느새 우도가 코앞이다. 그 거친 물살을 도항선은 식은 죽 먹기처럼 잘도 넘어왔다. 제주 본섬과 부속 섬들 사이는 대부분 조류가 빨라서 어지간히 작은 어선들은 롤러코스터처럼 위태롭게 넘나드는 게 일상사다. 그중에서도 우도와 본섬 사이는 수심도 매우 깊고 여느 곳보다 물살이 빠르기로 일찌감치 소문이 났는데 그 이유는 설문대할망에게 있었다.

창조주의 일거수일투족

물음표는 제주 본섬과 우도 사이의 해협이 사나운 이유를 처음 접했을 때 귀를 의심했다. 너무나 민망한 이야기여서. 사연인즉 본래 우도는 제주 본섬과 떨어져 있는 섬이 아니었다. 찰싹 달라붙어 있었는데 어느 날 설문대할망이 이곳에서 소변을 봤는데 워낙 거구의 몸에서 나온 오줌이라 큰 홍수가 나고 말았다. 더욱이 오줌 줄기가 너무 세차서 땅 한 귀퉁이가 떨어지더니 오줌 홍수에 떠밀려 간 것이 우도가 되었다는 것이다.

"오줌? 아니, 어쩌라고 이렇게 민망한 이야기가 다 생긴 거야?"

"난들 알겠니. 근데 재미있는 사실은 말이야. 설문대할망처럼 세상을 만든 거대한 창조신 중에 오줌으로 강과 바다를 만들고 똥으로 대지와 산을 만들었다는 이야기가 의외로 많다는 거야. 황금알을 낳는 거위 알지?"

"그건 동화잖아."

"그래, 그 동화처럼 어떤 여신은 똥만 누면 죄다 금은보화로 변했대. 말 그대로 금 똥이지."

"거 참, 민망한 건지 더러운 건지. 무슨 신화가 그러냐?"

어이없는 반응은 친구뿐이 아니었다. 설문대할망의 오줌 이야기를 들려주면 우도 바다에서 오줌 냄새는 안 나냐며 너스레를 떠는 이들도 있었다. 물음표는 이런 반응을 보이는 이들에게 그럴싸한 답변을 하기 위해 창조신의 똥오줌 모티프를 깊숙이 살펴봤다. 그 결과 세상 모든 곳의 창조신들은 환상적인 면모를 보이지만 때때로 우스꽝스러운 행적으로 무언가를 만들어냈다는 사실을 알게 되었다. 어떤 신들은 망측하게도 자위행위를 통해 생명과 자연을 탄생시키기도 했다. 결론적으로 말하면 모든 창조신은 숨을 쉬고 잠을 자고 음식을 먹고 다시 토해내고 배설을 하는 보잘것없는 생리현상만으로도 창조의 권능을 발휘한다. 창조신의 일거수일투족 모두가 신성한 창조행위라는 말이다.

오줌발로 우도를 만든 설문대할망과 비슷한 사례는 수두룩한데 마고할미만 해도 오줌을 눈다거나 방귀를 뀌어서 바위며 샘을 만들었다는 이야기가 여러 지역에서 전해온다. 마고할미와 종종 비교되는 백두산 거인 장길손은 한술 더 뜬다. 덩치가 얼마나 컸던지 몸을 바로 세우면 그의 그림자가 온 천지를 덮어서 곡식과 과일이 모두 죽어 흉년이 들 정도였다. 그는 먹는 양도 무시무시해서 항상 배고픔에 시달려 뭐든 닥치는 대로 집어삼켰다. 결국 배탈이 나서 구토와 설사가 쏟아졌다. 그가 싼 똥 덩어리는 백두산이 되었다. 오줌은 동해 바다가 되어 우리나라와 일본이 떨어지게 되었다고 한다.

세상의 창조주들은 산과 바다처럼 거대한 자연물만 만드는 데 그치지 않고 별의별 것을 다 만들었다. 인도네시아 세람섬에 전해 오는 하이누웰레 이야기가 대표적인 예다. 하이누웰레는 야자나무 수액이 남성의 핏방울과 뒤엉겨 태어난 여신의 이름이다. 탄생도 신비롭지만 태어나자마자 어른으로 성장했다. 그보다 신기한 것은 변을 보기만 하면 진주며 도자기 등 갖가지 보물이 나오는 일이었다. 사람들은 하이누웰레의 뱃속에 보물이 무진장 들어있는 줄 알고 의식을 벌여 9일째 밤에 그를 죽이고 배를 갈랐다. 그러나 아무것도 나타나지 않아 시신은 버려졌다. 하이누웰레의 아버지가 딸의 죽음을 슬퍼하며 조각난 시신을 여러 곳에 묻었더니 무덤자리마다 전에 없던 식물이 돋아났다. 뿌리를 파보니 하이누웰레를 닮은 알뿌리가 영글어 있었다. 이것이 세람섬들이 주식으로 먹는 알뿌리 작물인 얌이 되었다.

하이누웰레처럼 신들은 무언가를 창조할 때 노동만이 아니라 생리현상을 통해 만들어내기도 하고, 자신의 육신을 다른 무엇으로 변신시키기도 한다. 하이누웰레의 사연은 창조와 변신의 두 가지 권능을 다 갖춘 이야기여서 전 세계의 창조신화를 성격별로 구분할 때 '하이누웰레형 신화'라는 범주를 탄생시켰다.

이처럼 설문대의 오줌이 갈라놓은 바다로 인해 우도가 생겨난 사연은 왕성한 창조력을 우스개처럼 비유한 이야기인 셈이다. 오줌으로 인해 생겨난 이 바다에는 더욱 해학적인 이야기도 전해온다. 백두산 거인 장길손처럼 엄청난 거구였던 탓에 설문대할망의 먹성도 그에 뒤지지 않았다. 해서 어느 날인가는 설문대하르방과 함께 자신의 오줌으로 만들어낸 바다로 고기잡이를 나섰다. 부부신이 물고기를 잡는 모습은 입에 올리기조차 망측한데 그 과정은 이러했다.

먼저 설문대하르방이 거대한 생식기로 바다를 휘저으며 소용돌이를 일으켰다. 갑작스러운 난리에 물고기들로서야 풍랑을 피할 안전한 곳을 찾기 마련 아닌가. 이를 예측한 설문대할망이 반신욕을 하듯이 바닷속에 들어앉아 가랑이를 벌렸다. 물고기들은 전에 없던 수중동굴이 보여서 모조리 그곳으로 숨어들었다. 살려고 숨어든 그 동굴이 바로 설문대할망의 생식기 속이었으니 부부신은 그렇게 잡은 물고기들을 꺼내 배를 채웠다고 한다.

바람신의 안식처 뜬비양

"모든 사람들이 이렇게 홀딱 반하는 섬이 오줌발 때문에 생겨났다니. 얄궂은 건지 짓궂은 건지 참, 정말이지 설문대는 대단한 신이 틀림없어."

물음표는 첫 방문에 들뜬 여행자들과 달리 진작에 정해놓은 목적지들이 있어서 차분했다. 스쿠터의 행렬과 득시글거리는 인파를 피해 후미진 골목길만 추려내어 목적지들을 하나하나 거쳐 갔다. 그리 넓지 않은 섬에 두런두런 어울려 있는 마을마다 자신들만의 수호신을 따로 모시는 신당들이 그의 첫 번째 목적지였다.

어떤 곳은 여전히 신앙이 이어지고 있어서 알록달록한 천이 걸려 있고 타다 남은 몽당초들이 제단을 지키고 있었다. 신앙은 끊기고 신당만 남은 곳들은 과거의 문화유산임을 알리는 안내판이 수문장 노릇을 하고 있었다. 비바람이 잦고 땅이 거친 곳이라 우도 사람들은 자신들을 지켜 줄 안전장치까지 만들곤 했는데 마을로 들어오는 삿된 기운을 막으려고 쌓은 돌탑도 여럿이었다. 물음표는 통칭 방사탑이라고 불리는 이 돌탑들까지 차례로 살펴본 뒤에 최종 목적지로 향했다.

알다시피 우도는 제주 본섬에 속한 섬 속의 섬이다. 그런데 이 섬 속의 섬은 또 그 속에 몇 개의 섬을 간직하고 있다. 이들 가운데 한 곳이 물음표의 최종 목적지로 비양도라고 불리는 조그만 섬이다.

우도 안비양의 돈짓당

"비양도라니? 그건 한림 앞바다에 있는 거 아니었어?"

여행자들은 물론 제주 토박이들도 이런 질문을 하는 사람들이 많았다. 우도에 딸린 섬이 있다는 사실조차 아는 이들이 드무니까. 사실 한림 앞바다의 비양도(飛揚島)와 우도의 비양도(飛陽島)는 한자 표기가 다른데 발음이 같아서 헷갈리기도 한다. 그래서 우도 사람들은 자신들의 비양도를 '뜬비양(딴비양)'이라고 부른다. 두 섬을 나란히 견주어 부를 때는 한림의 것은 서비양, 우도의 것은 동비양이라고 한다.

우도에서 가장 깊숙한 곳에 숨어있는 비양도는 100미터를 살짝 넘는 바다로 나눠진 곳이다. 이 때문에 '안비양'이라고도 부른다. 이곳에도 설문대할망의 오줌발이 미친 것인지는 알 수 없지만 근래에 이르러 매립도로가 생겨나서 걸어갈 수 있는 곳이 되었다. 토박이들은 이따금 더는 섬이 아니어서 안타깝다고도 말한다.

바람할머니의 집에서

물음표가 우도에서도 유독 이곳을 좋아하는 이유는 여행자들과 달랐다. 봉수대에 올라 바다를 감상하기 위해서가 아니다. 풀밭 위에 텐트를 치고 낭만적인 밤을 누릴 마음이 있어서도 아니다. 이 조그만 섬에 제주도 여느 마을이든 서너 곳씩 있어서 수백 군데가 넘는 신당 중 한 곳이 있어서였다. 우도에도 마을마다 신당이 있지만 비양도의 성소는 어떤 곳보다 특별했다.

'비양도 돈짓당'이라고 불리는 이 신당은 비양도 들머리의 작은 언덕에 있어서 섬으로 들어갈 때 누구나 지나치는 곳이다. 여느 신당보다 특별한 이유는 제주 전역에서 바람의 신으로 여기는 '영등신'의 거처이기 때문이었다. 영등신은 음력 이월 초하루에 제주에 찾아와 봄바람을 일으켜 만물의 싹을 틔운 뒤 보름날이 되면 바다 건너 미지의 세계로 되돌아간다. 왔다 떠나는 신인 탓에 언제나 곁에 머무는 신처럼 신당을 만들어 모시는 곳이 거의 없었다. 과거에는 한림읍 한수리에 영등당이 있었는데 지금은 사라져버려서 비양도 돈짓당이 거의 유일한 곳으로 남게 되었다.

이곳에 영등신의 성소가 만들어진 이유는 신화가 알려준다. 제주에 전해오는 영등신화를 살펴보면 영등신이 음력 이월 초하룻날 제주에 들어올 때 첫발을 딛는 곳이 한림읍의 복덕개라는 바닷가다. 그리하여 보름 동안 제주섬 전역을 돌며 봄의 씨앗을 바람에 날리고 한라산 꽃놀이까지 즐긴 뒤 떠날 때는 우도의 진질깍이라는 바닷가를 통해 나간다. 제주섬을 떠나기 전날 마지막 밤을 우도에 머물며 하룻밤 지내는 곳이 바로 비양도 돈짓당이다.

이 때문에 물음표는 이 성소를 바람할머니의 집이라 부르며 우도를 찾을 때마다 야트막한 언덕 위의 제단에 머리를 조아리곤 했다. 때로는 영등신 흉내라도 내는 것처럼 땅거미가 지고 박명만 남는 저녁나절에 이곳을 찾아 달 고운 밤이 올 때까지 바람을 청하기도 했다. 그럴 때면 아파트가 들어서며 영영 사라져버린 한림읍 영등당의 몰락이 떠올라 이곳마저 사라지면 어쩌나 하는 걱정에 빠지기도 했다. 하루가 다르게 각종 위락시설이 들어서며 우도의 절경이 훼손되고 있어서 제아무리 바람할머니가 마지막으로 머무는 집이라고 한들 버티겠는가 싶어서였다.

언젠가 사계리 잠수굿에서 제주섬이 설문대할망의 육신이라면 바람이 된 영등신은 설문대의 영혼이라며 파도 위에 새겼던 착상이 새삼스럽게 떠올랐다. 물음표는 달빛 서린 돈짓당의 언덕 위에서 사계리의 착상에 한 마디를 덧붙였다.

"열한 달을 다른 세상에 머물며 기다리고 기다리던 이월이 되어 찾아왔는데 영혼이 깃들 육신이 부서지고 무너졌다면 제주섬의 창조주는 어디로 가야 할까? 이 돈짓당마저 사라지고 설문대의 영혼 바람할머니가 영영 돌아오지 않는다면 제주섬은 어떻게 될까?"

황금알을 낳은 거위와 하이누웰레의 배를 기어이 가른 인간들의 끝 모를 욕망이 아포칼립스의 문턱까지 다다랐다는 생각이 걷히지 않았다. 멸망을 향하는 듯한 밤기운도 덩달아 흑막을 치며 물음표를 비양도 언덕 위에 붙박인 죄수로 만드는 듯했다.

마르지 않는 물에 새긴 ——————— 18.
여신의 발자국

구름다리의 옛 추억 앞에서

출렁출렁 춤을 춘다. 높은 곳이라면 질색인 물음표는 다리 끝에 서서 나아가지 못하고 몸이 바짝 굳어버렸다. 오금이 저렸다. 난생처음 구름다리를 디뎠던 날의 악몽은 추억 너머로 사라진 줄 알았는데 몸은 여전히 기억하는 모양이다. 하지만 금세 잦아들었다. 물음표는 잠깐 동안 오금이 찌릿해지는 걸 느끼고 피식 웃음이 나왔다.

"그게 언제였는데 아직도 오금이 저리냐. 그나저나 여기가 이렇게 변할 줄 누가 알았을까? 설문대할망이 되살아오시면 내가 만든 섬이 맞냐고 되레 묻겠네. 설문대할머니, 저기 보세요. 저 동쪽요. 저기가 탑동인데 사람들이 바다를 메워서 육지를 만들었어요. 저 호텔들 좀 보세요. 할머니 도움 없이도 육지까지 다리를 놓을 수 있다네요."

코흘리개 시절 동네 아이들과 한참을 걸어 찾아갔던 용연 구름다리와의 첫 만남은 그러하였다. 1960년대 끝물에 한천이 바다와 만나는 기수역의 계곡을 가로지르는 다리가 놓여 20년 넘게 제주시의 명소로 사랑받았다. 언젠가 물음표도 그 다리가 궁금해 친구들을 따라나섰는데 눈앞에 맞닥뜨리자 겁을 잔뜩 집어먹었다. 다리를 건너지 못하면 평생 듣게 될 겁쟁이 소리가 훨씬 더 무서웠는지 입술을 앙다물고 태연한 척 통과의례를 완수했다. 아마도 그날 물음표는 두려움이 용기를 만들어낸다는 사실을 깨달았던 것 같다.

물음표에게 성장통의 한 페이지를 채우는 선물을 안겨준 구름다리는 20년 남짓 계곡 사이를 가로지르다 너무 낡았다는 이유로 해체되었다. 그랬던 것이 2000년대 초에 예전보다는 덜 흔들리는 비교적 안정적인 모습으로 부활했다. 물음표는 잊었던 추억 속으로 걸어 들어가는 것처럼 천천히 구름다리를 건넜다. 그날의 공포가 진하게 되살아났으면 좋으련만 물음표는 이미 무정한 어른이 되어버려 별다른 감흥이 솟아나지 않았다. 대신 어려서는 잘 몰랐던 용연의 내력이 파노라마처럼 떠올라 신비감에 빠져들었다. 물음표는 그렇게 다리 한가운데 용연의 깊은 물을 굽어보며 까마득한 옛날로 시간여행을 나섰다.

태초의 시절 설문대할망은 제주섬을 만들며 높고 작은 산과 오름들을 쌓아 올렸다. 산과 들녘이 잘 어울리는지 살피며 도드라진 곳은 낮추고 움푹 파인 곳은 돋우는 동안 골짜기를 파내어 계곡까지 만들었다. 그런데 섬의 지하에 숨구멍이 너무 많아서 계곡의 물이 모조리 땅속으로 스며드는 것이 아닌가. 설문대는 고민 끝에 오름과 계곡 곳곳을 발로 꾹꾹 디뎠다. 발자국이 파인 자리에서 곧바로 물이 솟아나 제주섬의 오름과 계곡마다 깊은 연못이 자리 잡게 되었다.

섬사람들은 이를 두고 설문대할망이 큰 키를 자랑하려고 깊은 물마다 몸을 담갔다는 전설로 묘사했다. 한천(漢川)이 바다와 만나는 곳, 용연도 설문대가 들어섰더니 발등까지 물이 차올랐다는 전설을 품고 있다. 용연계곡을 거슬러 한 시간 정도 걸어가면 설문대할망의 족두리라는 오라동 고지렛도 족감석이 있어서 한천은 가히 설문대의 계곡이라고 부를 만하다.

비바람을 다스리던 신들은 사라지고

한천의 끝자락 바다와 민물이 만나는 용연을 품은 마을의 이름은 한두기다. 계곡을 경계 삼아 동한두기와 서한두기로 나뉘는 이 마을은 제주에서도 내력이 깊은 곳으로 유명하다. 용연계곡 주변으로 일찌감치 마을이 만들어져서 오랜 역사를 이어왔다. 용연은 제주에서는 매우 드물게 사시사철 마르지 않는 깊은 물이 가득해서 용이 사는 곳으로도 널리 알려져 왔다. 영물인 용의 안식처로 유명한 만큼 주위 경관 또한 신비해서 계곡 주위에 마을의 수호신을 모시는 성소인 '내왓당'과 'ᄀ시락당'이 있었다.

두 군데 신당은 사실상 신앙이 끊겼고 내왓당은 언제인지 모르지만 흔적도 없이 사라져서 어디에 자리했었는지조차도 모르는 지경이 되었다. 그나마 ᄀ시락당은 비교적 옛 모습을 유지한 채로 남아 있지만 이제는 누구도 찾아가지 않는 곳으로 전락했다. 물음표가 한두기 마을 노인들에게 귀동냥할 때 듣기로는 80년대까지 ᄀ시락당을 찾아가 기원하는 사람들이 있었는데 어느 해엔가 외지에서 온 사람이 하필이면 이 당의 신목(神木)에 목을 매는 끔찍한 일이 벌어졌었다고 한다. 안타까운 사건이 발생한 뒤로 마을 사람들은 당이 큰 부정을 타서 영험이 사라졌다며 발길을 뚝 끊기 시작했다. 지금은 누구도 찾지 않게 되며 텅 빈 제단만 덩그러니 남고 말았다.

한편 흔적조차 남지 않은 내왓당은 수없이 많은 제주의 신당 가운데서도 매우 오래된 곳이며 탐라국의 국당(國堂) 네 곳 중 한 곳이다. 조선 세조 임금 12년에 내왓당의 무신도(巫神圖)를 불태웠다는 내용이 있을 정도로 오랜 역사를 자랑한다. 무신도란 신의 모습을 그린 그림으로 내왓당 무신도는 세조 임금 시절에 불태워졌지만 후대에 누군가가 다시 그려서 현재 10점이 남아있다. 내왓당에 모셨던 열두 신들을 그린 그림으로 두 점은 사라졌고 나머지는 국가 민속문화재 제240호로 지정되어 제주대학교 박물관이 소장하고 있다.

물음표는 내왓당을 찾고 싶었다. 보물을 찾아 카리브해를 샅샅이 뒤지는 해적 정도는 아니었지만 무시로 용연계곡과 그 주변을 훑어 다녔다. 전설의 보물을 찾아내 황금잔에 술을 따라 마시는 해적 선장처럼 결실을 얻고 싶어도 내왓당은 오리무중이었다. 여러 가지 역사책에는 비교적 규모가 큰 집이라고 소개되었는데 1882년 고종 19년에 헐어버린 뒤 20세기를 관통하며 도시개발이 이어져서 누구도 알지 못하게 되었다.

더는 도리가 없었는지 쓴웃음을 지으며 계곡의 절경을 만끽하는 여행자가 되어 벤치를 찾아 몸을 맡겼다. 아예 양말까지 벗어 부어오른 발을 주무르고 있노라니 산책 나온 할머니가 벤치로 다가왔다. 동한두기 토박이라는 노인도 물음표가 찾는 내왓당이 어디 있었는지 몰랐다. 천지개벽이나 다름없을 정도로 변했는데 어떻게 그걸 찾느냐며 쓴웃음을 지었다. 노인의 웃음에 물음표도 허탈한 미소로 화답했다. 노인은 헛고생 그만하라는 건지 옛날이야기 하나를 꺼내 들었다.

"까마귀 있잖아. 사람들은 까마귀가 멍청한 줄 알고 까마귀고기먹었냐는 말을 종종 하잖아. 근데 그게 아니에요. 까마귀가 보통 영리한 게 아니야. 까마귀가 어느 정도냐면 먹이 사냥에 성공해서 배불리 먹고 남은 걸 감춰둔다고. 배고플 때 다시 먹으려고 숨겨두는 거지. 남은 먹이를 물고 날아오른 다음 숨길 만한 곳을 살펴. 그럴 때 보통은 초가지붕을 택하지. 지붕의 지푸라기를 헤집어서 그 속에 남은 먹일 숨겨. 그러곤 어디에다 숨겼는지 외워두려고 머릴 치켜들고 하늘을 봐. 제 머리 위에 구름 하나를 딱 찍어서 저 구름 아래 숨겼노라면서 유유히 날개를 펼쳐요. 그렇게 돌아다니다가 배가 고프면 숨겨둔 먹일 찾으려고 돌아오지. 근데 초가집이 한두 채냐고. 죄다 초가집이니까 알 수가 없지. 초가지붕마다 옮겨 다니면서 하늘을 봐요. 점찍었던 구름을 찾으려고. 구름이 남을 리가 있겠어? 결국엔 먹일 못 찾아서 이리저리 날아다니면서 까악까악 울어대는 거라고."

"제게 헛고생 그만하란 말씀 같은데요. 까마귄 자기가 숨겨둔 걸 찾는 거라 저랑은 다르잖아요."

"다르긴 한데 뜬구름 좇아가는 게 비슷해서 그래. 그래도 젊은 사람이 옛날 거 소중히 여기는 마음은 기특하네. 자네 같은 사람들이 많았으면 우리 밭도 사라지지 않았겠지."

"밭이 사라지다뇨?"

등 굽은 할머니는 호텔들이 늘어선 곳에 시선을 옮겨 놓고 잠시

뜸을 들인 뒤 다시 입을 열었다.

"저기가 바다였을 때 물질했어. 매립되기 전에 말이야. 해녀들한 테야 바다가 밭이잖아."

"해녀셨군요."

"어, 지금도 저기 이마트 옆에 삼도어촌계가 있어. 열댓 명 정도 가 아직도 저 매립지 너머 죽은 바다에서 물질한다고. 그때 국회까 지 찾아가면서 이 동네 해녀들 전부가 반대했지만 계란으로 바위 치는 격이었어. 바다를 사람 욕심으로 메운 거지. 용왕님도 속수무 책으로 당한 거라고. 바다가 땅이 되는 기막힌 세상이야. 아이고, 늙은이가 주책없이 별말을 다 했네."

"아닙니다. 좋은 말씀이세요."

"좋은 말씀은 무슨. 자네가 좋아할 만한 게 저쪽에 있어."

"네? 뭔데요?"

"옛날 제주도에 칠 년 왕가뭄이 들었는데 이 용연에서 기우제를 지내서 큰비가 내렸대요. 그때 굿을 했던 심방(무당)이 고대정이란 사람인데 목숨을 내걸고 굿판을 벌였다지. 그 전설을 벽화로 그려 놨더라고. 한번 가 봐."

"감사합니다."

물음표는 서늘한 뒷모습을 남기며 느릿느릿 사라진 노인의 궤적 을 놓치고 싶지 않았다. 그 발자국을 따라 산책로를 벗어난 뒤 노

제주시 용담동의 용연

인의 뒷모습과 이별한 후에야 벽화가 있다는 곳으로 방향을 틀었
다.

비를 불러낸 전설의 기도

벽화로 되살아난 용연기우제의 전설은 어떤 사연일까? 물음표는
전설 속의 심방(무당) 고대정의 굿판을 되짚기 시작했다. 백 년 전이
니 이백 년 전이니 말은 많았지만 정작 정확한 연대는 알 수 없고
조선 시대로 짐작되는 칠 년 가뭄이 사건의 시작이었다. 오랫동안
긴 가뭄이 이어지자 제주 목사는 섬의 상황을 조정에 보고하는 한
편 제주읍성 서쪽의 풍운뇌우단을 찾아가 기우제를 올렸다. 풍운
뇌우단은 말 그대로 바람, 구름, 우레, 비를 다스리는 신들을 위해
기원하는 제단으로 제주를 다스리는 목사들이 풍운뇌우제를 집전
하는 곳이었다.

제주 목사의 기우제는 이곳에서만 벌어지지 않았다. 예부터 한
라산신제를 지내던 곳인 물장오리오름의 산정호수까지 찾아가며
기우제를 올렸지만 모두가 허사였다. 백성들의 고통은 극에 다다
랐다. 비는 고사하고 먹구름조차 엉기지 않는 날이 계속되자 제주
목사는 내키지 않았지만 무당을 불러 기우제굿을 하기로 작심했
다. 백성들이 굿을 선호하는 것을 보고 내심 민심이라도 달래려는
꿍꿍이였다. 수소문 끝에 유명한 무당 고대정을 찾아냈다.

"네가 용연에서 기우제굿을 벌이면 비가 내릴 것이라고 말한 것이 사실이냐?"

"예. 여부가 있겠습니까."

"오호라. 네놈이 나서야겠구나."

"어느 명이라 거역하겠습니까."

"굿을 하면 언제쯤 비가 오겠느냐?"

"짧으면 이레, 길면 두 이레 밤낮없이 굿을 하면 영험이 있을 것입니다."

"넉넉히 보름이면 되겠구나. 보름 동안 굿을 하라. 그 안에 비가 내리지 않으면 혹세무민의 죄를 물어 목을 벨 것이다."

고대정은 칼날 위에 올라서는 심정으로 굿판에 나섰다. 그는 굿에 앞서 짚단을 엮어 쉰다섯 자에 이르는 커다란 용을 만들었다. 용의 머리는 제단 위에 걸쳐 놓고 꼬리는 용연에 잠기게 했으니 마치 승천하는 것처럼 보였다. 이윽고 기우제굿이 벌어져 두 이레가 지나도록 밤낮없는 굿판이 이어졌다. 고대정 심방은 사력을 다해 굿을 했지만 보름이 다 되도록 구름 한 점 없이 땡볕만 내리쬐는 불볕더위의 연속이었다. 끝내 비가 내릴 기미는 보이지 않고 굿이 끝에 이르자 제주 목사는 서슬 퍼런 칼날을 고대정의 목에 겨눴다.

"이놈을 관아로 끌고 가서 참수한 뒤 관덕정 앞에 머리를 내걸어라."

목사의 말이 끝나기 무섭게 마른하늘에서 천둥소리가 크게 울리더니 순식간에 먹장구름이 엉겨 붙으며 거짓말처럼 장대비가 쏟아졌다. 어느새 칼을 쥐었던 목사의 손은 고대정의 양손을 부여잡고 감사의 인사를 올리고 있었다. 칠 년 만의 단비에 백성들은 환호성을 터뜨리며 짚으로 만든 용을 둘러메고 읍성 안까지 행진하며 끝도 없이 풍악을 울렸다고 한다.

물음표는 용연의 영험을 기우제에 담아 후대에 알리는 전설의 벽화 앞에 섰다. 고대정처럼 목숨을 내건 굿판을 벌이고 싶다는 생각이 솟아났다. 사라진 내왓당의 열두 신들을 부활시키는 굿, 용연 깊은 물에 발자국을 남긴 창조주 설문대를 되살리는 굿을 벌이고 싶었다. 그것이 요원한 꿈이라면 바다를 빼앗긴 은퇴 해녀 할머니와 매립된 바다에서 여전히 물질을 한다는 열댓 명 해녀들의 회한을 달래는 굿이라도.

돌아오시기를
기원하며

물음표는 물장오리를 상상했다. 자기가 친 줄에 매달린 채 말라 버린 거미의 미라처럼 설문대는 왜 자신이 만든 호수에 빠져 죽었을까? 모순이다. 섬사람들은 무슨 이유로 잔혹한 결말을 창조주의 최후라고 여기게 되었을까? 세상사를 어둡게만 보는 비관론자 물음표였지만 창조주의 죽음에 대해서만큼은 어깃장을 야무지게 틀어쥐었다.

거듭거듭 생각해도 설문대는 이 섬에 제 육신을 붙박아 부족하지도 넘쳐나지도 않는 완전한 우주로 만든 것이 분명했다. 언젠가 다시 몸을 일으켜 태초의 그날처럼 세상을 매만지는 날이 반드시 올 것이다. 그러려면 램프를 문지르며 요정을 소환한 알라딘의 기도처럼 누군가의 절실한 염원이 필요하다. 물음표는 간절한 기원

물장오리오름의 산정호수

이 자신의 소임이라고 여겼다. 언제가 되었건 물장오리에 다시 올라 기원의 노래를 부르리라.

기원의 소임, 그것을 자신의 몫으로 이끈 의문부호의 홍수에 대해서도 생각했다. 설문대의 흔적을 찾아 헤매다 보면 헝클어진 실타래 같은 의문부호 덩어리가 녹아내릴 줄 알았다. 안타깝게도 물음표에겐 고르디우스의 매듭을 단칼에 벨 날 선 칼이 없었다. 이마에 찍힌 의문부호의 낙인이 보란 듯이 더더욱 선명해졌을 뿐이다. 논리적인 사고로는 해명되지 않는 영역의 문제였다. 차라리 태어날 때부터 숙명처럼 짐 지워졌다고 여기는 게 온당했다. 풍차를 향해 돌진했던 녹슨 투구의 늙은 기사처럼 받아들이자고.

"이것이 나의 순례요, 저 별을 따라가는 것이 나의 길이라오. 아무리 희망이 없을지라도, 또한 아무리 멀리 있을지라도."

별을 따라가는 길을 받아들인 돈키호테처럼 물음표에게도 벗을 수 없는 숙명이 있었다. 설문대의 길을 따르는 것이었다. 그것은 물음표 자신의 마음속 고향을 찾는 길이었고, 어느 별무리에서 유성을 타고 이 섬에 착륙해 섬사람으로 태어난 운명의 수수께끼를 푸는 길이기도 했다. 무엇보다 이 섬을 사랑하게 된 운명을 빚어낸 절대자를 향하는 길 같았다.

태어나서 사랑하다 죽는 것이 사람의 숙명이라면 물음표의 사랑은 언제나 창조주만을 향하는 나침반에 갇혀 있었다. 사랑이며 연민이었다. 슬픈 섬에 태어난 서글픈 운명의 섬사람이라면 누구나 지니고 있을 갈망이 물음표에겐 설문대를 향한 의문부호로 발현된 것이다. 제주섬의 이력이란 것이 아프고 슬펐기 때문에.

이 섬에 서글프지 않은 게 있을까? 모두가 살짝 건드리면 폭발하듯 눈물을 터뜨릴 물풍선 같다. 이 섬에 기운 넘치는 게 하나 있다면 쉴 새 없이 파도를 실어다 쌓아놓는 바람뿐이다. 오죽했으면 제주 사람들의 눈물이 뼛속으로 스미는 것처럼 제주의 물 또한 땅속으로 흐른다. 물과 달리 강이 없는 이유가 그러하다. 또한 섬의 팽나무는 언제나 한라산을 향해 기운다. 저 거대한 산이 자신을 낳아준 어머니의 육신임을 안다. 산을 향하는 팽나무처럼 물음표는 등을 구부려 손을 모았다. 언젠가 깨어나실 것을 예정한 창조주를 향해 노래를 부르기 시작했다.

구름 속의 손 물결 속의 발

이어라 이어라 이어도이어

황황한 하늘에 베틀을 걸고

허허로운 바다 위에 물레를 놓아

바람결 구름결 끌어 당겨

덜커덩 덜커덩 세상을 잣는다

이어~ 이어~ 이어도이어

덜커덩 덜커덩 이어도이어

낮은 덴 높이고 높은 덴 낮춰라

물 가운데 섬 하나 섬 가운데 산 하나

햇살을 씨줄로 달빛을 날줄로

덜커덩 덜커덩 세상을 잣는다

이어~ 이어~ 이어도이어

이어라 이어라 이어도이어

구름 속의 손 물결 속의 발

이어라 이어라 이어도이어